明·吴嘉謨 輯注
明萬曆十七年刊本

孔聖家語圖

江蘇大學出版社
JIANGSU UNIVERSITY PRESS
鎮江

圖書在版編目（CIP）數據

孔聖家語圖 / (明) 吴嘉謨輯注 . — 影印本 . — 鎮江：江蘇大學出版社 , 2019.10

ISBN 978-7-5684-1185-1

Ⅰ . ①孔… Ⅱ . ①吴… Ⅲ . ①孔丘（前 551- 前 479） — 生平事跡 — 圖録 Ⅳ . ① K825.1-64

中國版本圖書館 CI P 數據核字 (2019) 第 203979 號

孔聖家語圖

輯　　注/〔明〕吴嘉謨
責任編輯/任　輝　董國軍
出版發行/江蘇大學出版社
地　　址/江蘇省鎮江市夢溪園巷 30 號（郵編：212003）
電　　話/0511-84446464（傳真）
網　　址/http://press.ujs.edu.cn
印　　刷/北京虎彩文化傳播有限公司
開　　本/850mm×1168mm　1/16
印　　張/35
字　　數/279 千字
版　　次/2019 年 10 月第 1 版　2019 年 10 月第 1 次印刷
書　　號/ISBN 978-7-5684-1185-1
定　　價/900.00 圓

出版説明

現代漢語用『圖書』表示文獻的總稱，這一稱謂可以追溯到古史傳説時代的河圖、洛書。在從古到今的文化史中，圖像始終承擔著重要的文化功能。傳説時代的大禹『鑄鼎象物』，將物怪的形象鑄到鼎上，使『民知神奸』。在《周易》中也有『製器尚象』之説。一般而論，文化生活皆有與之對應的物質層面的表現。在中國古代文獻研究活動中，學者也多注意器物、圖像的研究，如《詩》中的草木、鳥獸，《山海經》中的神靈物怪，《儀禮》中的禮器、行禮方位等，學者多畫爲圖像，與文字互相印證，成爲經學研究中的『圖説』類著述。至宋元以後，庶民文化興起，出版業高度發達，版刻印刷益發普及，在普通文獻中也逐漸出現了圖像資料，涉及植物、動物、日常的物質生産程序與工具、平民教化等多個方面，其中流傳至今者，是我們瞭解古代文化的重要憑藉，通過這些圖文并茂的文本，讀者可以獲得對古代文化生動而直觀的感知。爲了方便讀者閲讀，我們將古代文獻中有關圖像的版畫、彩色套印本等文獻甄選數種精品，輯爲叢刊正式出版。

本編選目兼顧文獻學、古代美術、考古、社會史等多個種類，取材廣泛，版本選擇也兼顧了古代東亞地區漢文化圈。圖像在古代社會生活中的一大作用爲促進平民教化，即古人所謂的『圖像古昔，以當箴規』（語出何宴《景福殿賦》）。明清以來，民間勸善之書，如《陰騭文》《閨範》等，皆有圖解，其所宣揚的古代道德意識中的部分條目，固然爲我們所不取，甚至應該是作爲批判的對象，但其中精美版畫，除了作爲古代美術史文獻以外，也可由此考見古代一般平民的倫理意識，實爲社會史研究的重要材料。

本編擬目涉及多種類型的文獻，茲輯爲叢刊，然亦以單種別行爲主，只有部分社會史性質的文本，因爲篇卷無多，若獨立成册則面臨裝幀等方面的困難，則取同類文本合爲一册。文獻卷首都新編了目録以便檢索，但爲了避免與書中内容大量重複，無謂地增加篇幅，部分新編目録較原書目録有所簡略，也有部分文本性質特殊，原書中本無卷次目録之類，則約舉其要，新擬條目，其擬議未必全然恰當。所有文獻皆影印，版式色澤，一存古韻。

目録

一

孔聖家語圖題辭

常熟王鏊題

予少則讀家語閱它書有云事見家語者無之詢焉而莫知所謂一日閱漢藝文志載家語二十七卷顏師古註云非今所有家語也乃知家語所有不同徧索舊本不可得一日至書館有家語曰王肅註者閱之則今本所無多具焉乃知今本爲近世

妄庸所删削也序稱家語皆當時公卿大夫及諸弟子咨訪問荅之語弟子取其正實切事者爲論語其餘集之爲家語屬文下辭頗有繁而不要者弟子材或有優劣故也漢初散在人間好事者或各以意增損故使事同而辭異孔衍爲戴聖以禮記不足乃取家語及子思孟軻荀卿之書以裨益之後人見其文巳見禮記則除家語

本篇是爲滅其原而存其末也然則家語出諸弟子固有不同漢初則紊之戴聖又紊之近世妄庸又紊之經三紊亂孔氏之舊存者幾何幸王肅本尚存而人間已難淂以何燕泉之好古謂不可淂而予偶淂之豈亦天之未喪斯文也歟

孔聖家語圖叙

瑯琊王世貞撰

王子曰儒者誦法孔子將統一聖真羽翼經傳是務自非好學深思攷究行事有不能執則嚴範云顧自經綋剖而爲諸子諸子散而爲百家騈拇枝指繁於詞哉而至是乃諸籍並揭獨弁髦吾孔氏家語置弗啄蓋余每觀都人士語玄同譚空相歌梵

此炙瓠落雕龍之辯不啻歎表家語為世儒範也世儒徒謂家語家語耳乎、無奇罔念中所載率孔氏當年家法以故浸淫百氏百氏之說茂而聖經幾蝕維時吴生以家語圖紹介來謁且乞之叙余惟黄鐘毁棄瓦釜雷鳴所從來久遠頋諦相魯儒行及論禮辨樂等篇摻聖經若出一轍又況彼漆園傲吏托大聖為重言世儒至津

〻譚之矧家語言〻孔氏吻哉含家語又
安所尋孔氏枝旗篤聖經佐也昔太史公
周游名山大川及適魯觀仲尼車服禮器
至低回留之不能去今其言若行與蹟偹
載是編中世儒有能手之作如是思維將
樹什勋於經傳獨柰何輕斥去顧百氏宗
也不然尊孔氏之學以臨百氏夫孰能不
波猶自勤俞兒狄牙善而羞冀吾口嗛哉

或曰吳生是編核而真詳而有體王子宜爲叙其功不在安國下廼胡斤斤世儒喋也世儒置家語而宗百氏吳生獨否喋世儒功吳生也若廼吳生所標次他叙中論之蓋詳王子不贅

孔子家語圖敘

余按家語孔安國得之魯恭王壁藏文也篇凡四十有四劉更生氏校讐去其二之一後王肅復得之孔猛家目與安國合則四十四篇其全文也王文恪公嘗錄其全而家藏之余得其本繹其義遐想其公卿大夫所與接聖賢弟子所與遊恍若得於心目間而根不獲一覩其範有年矣歲丁

亥余師澹所楊公捧
册魯藩過闕里謁孔林獲所傳聖蹟圖歸
而授余覽之生平行縣具見於繪帙中昔
日羣侯卿大夫之所接弟子之所遊展册
輙了了余感而嘆曰士君子後孔氏而生
即不獲坐杏壇中側聞大聖人咳末亦不
獲邇邾魯鄉晉接大聖人動止僅僅口其
遺書目其遺蹟而大聖人秉訓範於當年

者一一若面接而躬承則萬世而後聿存
聖人之語與其遺跡而俾後學之士宛如
化雨中人而大聖人之遺訓遺範亦賴以
不泯則圖語皆道之寄也統之不可廢置
家語固當與諸聖經並傳而此圖所繪與
語中所載大都相表裏必合圖與語而大
聖人之言動始全余患自弗獲赴戊子省
試養靜山房者數越月因取王氏藏本按

孔氏全書與揚師所援圖考究其槩或不無異同缺畧之差余遂緝為一書圖按聖蹟之遺文仍主本之舊其先後則以孔氏全書為據編年則尊周而次及于魯衛及于列國考古名公釋論而以意按之其毀蝕無考者則俟博學君子補焉名曰孔聖家語圖僭以接之剞劂氏庶同志者統觀家語可以窺聖經之全而首按其圖又可

以見聖人之蹟刻

今天子明黜異學諸不在孔氏之書者禁不得進則家語固聖經所散見而此書之行未必無裨于聖教之萬一也或曰安國附會聖經以誣來學而重附會之則誣生平無一樹立而妄以意按其事則僭語與圖本不相類而敢于牽合其說則謬嗟嗟苟其有裨于聖教之萬一則僭耶誣耶謬

耶余又何辭

萬曆己丑歲孟春人日武林後學吳嘉謨

謹敘

家語圖凡例

一標題何以稱孔聖集覽曰素王之風孔聖之風化也故以孔聖標之而曰家語圖者從安國之舊名而增其圖耳

一自天子王侯學士大夫幼如童蒙遠如四夷微如市販愚如婦人女子莫不歆想見聖人之儀容故以孔廟所藏衣燕居服行教闕里小像最真𦘕於卷首

一先聖歷年事蹟雜見傳記諸書者多牽合附會莫可據信惟家語史記及孔氏世譜載先聖歷

年事蹟頗詳今謹摭其說續以聖蹟圖彙成四十幅而以意按之於後以便考古者稽焉

一按魯壁銘云先聖當周之衰則否屬魯之亂則晦及秦之暴則縻遇漢之王則興誦斯言也頋縻興雖於孔聖無加損而使後世復覩大聖人之道皎然如上古者漢高一祀之力耶故以漢高祀先聖終其圖焉

一歷代賛詠載於諸書者甚多不能盡述兹録其一二附於一卷末俾後學者覽焉非敢有選擇云

一家語中記載間有闕畧而文不相蒙其雜見禮經子史反爲周詳而未經聖賢删定者分行補註其闕文之下

一家語之文別見於經史百家者其註疏之説辭雖不一皆或可以發明王註之所未及乃參伍其辭以補註之

一語中所引詩書王註多與今文必異今皆以篇章之名係詩書之辭之下以便參解

一王註簡嚴未易卒解者即按經史註疏本文節抄於王註之後

一王註傳寫雖訛無經史可據及毀蝕無文可考
皆闕之以俟知者
一篇章次序今依何孟春氏編次

家語圖凡例終

孔聖家語圖目録

一卷

為宰中都　夾谷會盟
誅亂兩觀　請隳三都
受樂遄行　圍匡自信
次乘衛靈　習禮宋郊
東門貽誚　陳庭辯矢
寄心擊磬　禮衰去衛
厄陳絕糧　反蔡問津
臨河傷類　觀臺繹戮
楚封見沮　季康幣迎
刪述六經　著作告成

辯樂第三十五　問玉第三十六

屈節解第三十七

十卷

正論解第三十八　曲禮子貢問第三十九

曲禮子夏問第四十　曲禮公西赤問四十一

十一卷

本姓（一作始）解四十二　終記解第四十三

七十二弟子解第四十四

孔聖家語圖目録終

先聖像
新都程起龍伯陽甫薰沐寫
歙人黃組鐫

按祖庭廣記云先聖生有異質凡四十九表反首洼面月角日準河目海口龍顙斗脣昌顏均頤輔喉駢齒龍形龜脊虎掌胼脅脩肱參膺圩頂山臍林背翼臂洼頭阜腴堤眉地足谷竅雷聲澤腹脩上趨下末僂後耳面如蒙倛手垂過膝耳垂珠庭眉有一十二彩目有六十四理立如鳳峙坐如龍蹲手握天文足履度字望之如仆就之如升視若營四海躬履謙讓胷有文曰制作定世符身長九尺六寸腰大十圍

武林弟子吳嘉謨謹述

禱嗣尼丘

周靈王之十九年實魯襄公之二十年戊申也是年孔叔梁紇與妻顏氏徵在同禱於兖州尼丘山明年迺生孔子孔子首上圩頂象尼丘因名丘字仲尼或云字迺孔子孔子年長時所取蓋不忘父母禱生之所自也

按新安陳氏云孔子父禱於尼丘山而生孔子故以爲名若字是獨言父也家語曰孔子母徵在禱於尼山而生孔子是獨言母也然婦人無專制無獨遊境外之理則謂父母俱禱者爲是

麟吐玉書

家傳云孔子未生時有麒麟吐玉書於闕里其文曰水精子繼衰周而爲素王顏氏異之以繡紱繫麟角信宿而去懷妊十有一月而生孔子

按玉書天樂五老二龍事不經見先儒以爲異疑而不載噫傳說自星生山甫自嶽降古昔賢哲之生皆有瑞應而況天之篤生孔聖乎張子曰麒麟之生異於犬羊蛟龍之生異於魚鼈聖人之生有以異於人何足怪哉故并録其事蹟云

誕聖降祥

孔子一歲係周靈王之二十年實魯襄公之二十一年己酉冬十月乙亥庚辰朔越二十一日庚子甲申時孔子生於魯國之昌平鄉陬邑孔子父爲鄹邑大夫故孔子生於鄹邑之宦邸也孔子誕生之辰有二龍繞室五老降庭

按顏氏懷妊十一月生孔子故公羊氏與史記諸書俱以懷妊之月誤爲誕生之月遂云十一月庚子孔子生殊不知庚戌十一月内無庚子也

天樂文符

孔子誕生之夕顏氏之房聞鈞天之樂空中有聲云天感生聖子降以和樂之音故孔子生有異質凡四十九表胷有文曰制作定世符

按孔子前母施氏其生母迺叔梁紇之繼室也司馬遷曰紇與顏氏野合而生孔子註曰不合於禮曰野梁紇老而徵在少非當壯室初笄之年而配合不合禮儀故云野合觀此老少之説則孔母爲繼室明矣故世傳孔子有前母有生母有庶母有九姊有一兄信然

戲陳俎豆

周靈王二十三年魯襄公二十四年也聖父叔梁紇卒孔子在魯五六歲時爲兒嬉戲常陳俎豆設禮容與同戲群兒迥異蓋天植其性不學而能也由是群兒化效相與揖讓名聞列國七歲入晏平仲學

按左傳襄公二十八年平仲不欲洩慶封討子雅子尾之謀則知平仲之年實長於孔子但平仲迺孔子友也謂入平仲學者豈爲童子時嘗入平仲所設之鄉學耶

筮仕委吏

周景王十三年魯昭公十年也孔子貧且賤因季平子代立爲貧而仕始爲委吏則有粢盛之供祭器祭品之設入而助祭於廟之禮故入太廟每事問蓋筮仕之初禮樂度數之詳雖聖人亦有所不知故問耳或人譏之曰孰謂鄹人之子知禮乎入太廟每事問子聞之曰是禮也

按闕里誌以昭公六年爲孔子十六歲聖母卒殊不知孔子之爲委吏乘田蓋以家貧親老爲祿仕以養其親也若其母卒於是年則祿仕在不爲矣

載官秉田

孔子先爲委吏即以是年爲乘田是兩官皆在一年也畜養蕃息朱子曰職讀爲樴盖繫養犧牲之所此官孟子所謂乘田

按委吏乘田官卑禄薄而孔子尚屑爲之盖欲禄養其母耳猶欲料量之必平畜養之蕃息未嘗以爲職之易稱而忽焉其不苟禄又如此故觀此二事而事親之孝事君之忠胥見之矣

賜鯉名兒

孔子二十一歲生子適魯昭公以二鯉魚賜之孔子榮君之貺故因以鯉名其子而字伯魚

按孔孟圖譜不以為委吏紀於此年非也孔子苟未為臣則匹夫之名不登於仕籍君民禮隔昭公何為而有二鯉之賜乎觀此則是年為委吏也明矣或云孔子聖人也不可以此禮拘不然則魯之委吏者多矣胡獨賜鯉於孔子乎愚曰昭公果知其為聖則將委國而授之以政矣何賜鯉之外無復寵異終於一委吏乘田已哉

學琴師襄

孔子三十歲周景王二十二年魯昭公十九年也孔子適晉學琴於師襄十日不進襄子曰可以益矣孔子曰未得其數也有間曰可以益矣曰未得其志也有間曰可以益矣曰未得其人也有間曰有所穆然深思焉有所怡然高望而遠志焉曰丘得其為人黯然而黑頎然而長眼如望洋非文王誰能為此也襄子避席再拜曰師蓋云文王操也

按史記以學琴事記於在衛擊磬之後夫在衛擊磬時孔子年將六十矣未有至老而後學琴者孔庭纂要諸書以學琴在于是年為得其真也

問禮老聃

周景王二十三年魯昭公二十年也孔子與南宮敬叔適周見老聃而問禮焉老聃曰子所言其人與骨皆已朽矣獨其言在耳且君子得時則駕不得時則蓬累而行吾聞良賈深藏若虛君子盛德容貌若愚去子之驕氣與多欲態色與淫志皆無益於子之身吾之所告子者若此而已

按老子楚之苦縣人或曰老萊子亦楚人著書十五篇言道家之用與孔子同時即老聃也註記禮者曰孔子吾聞諸老聃云非著五千言之老聃也二說皆誤蓋老萊子別是一人五千言之老聃即孔子問禮之人也

是年孔子適周問禮即訪樂於萇弘弘謂劉文公曰吾觀仲尼有聖人之表河目而龍顙黄帝之形貌也脩肱而龜背長九尺六寸成湯之形體也言必稱先王躬履謙讓洽聞强記博物不窮其聖人之興者乎

按弘乃資中人今四川成都府資縣是也周敬王時為大夫又按春秋左傳魯定公四年衛侯使祝鮀問於周大夫萇弘欲令蔡先衛歃之事則弘之仕周無疑矣故孔子適周而問禮問樂俱在一年也家語其可信乎

觀周欹器

是年孔子至周觀周桓公廟中之欹器問於守廟者此謂何器對曰此為宥坐之器孔子曰吾聞宥坐之器虛則欹中則正滿則覆明君以至誡故常置之於坐側於是告弟子以持盈之道

按家語淮南子云觀於魯廟欹器愚謂韓詩外傳劉向說苑皆云觀於周廟者為是不然何杜預謂周廟欹器至漢京東猶在御座及漢末衰亂器始不復存又孔庭纂要以此事載于孔子四十六歲愚謂孔子魯人也豈有四十六歲方入魯廟尚不知宥坐為何器而後問歟其非魯也明矣

在齊聞韶

周敬王三年魯昭公二十五年也季平子與郈昭伯以鬬雞故得罪昭公昭公率師擊平子平子與三家共攻昭公昭公師敗奔齊孔子適齊為高昭子家臣欲以通乎景公與太師語樂聞韶音三月不知肉味齊人稱之

按孔子因季平子逐昭公之亂而適齊是乃亂邦不入之義也或因以黙相昭公於齊歟聞韶音而有三月不知肉味之嘆告景公而有君君臣臣父父子子之言當在此時矣然語齊太師樂不見於經傳或亦不外于論語所載歟

嬰沮齊封

周敬王十年魯昭公三十二年也齊景公問政孔子曰政在節財公說欲封以尼谿之田晏嬰進曰夫儒者滑稽而不可軌法倨傲自順不可以為下君欲用之以移齊俗非所以先民也後景公語孔子曰吾老矣不能用也孔子遂行

按孔子在齊最久前後與晏平仲處者八年文稱其善與人交久而敬之至是沮尼谿之封豈亦忌孔聖之見用而軋己之位形己之短歟

退脩授業

周敬王十一年魯定公元年也魯昭公卒定公立季氏僭於公室陪臣執國政故孔子不仕退而脩詩書禮樂以教弟子弟子彌衆

按季桓子嬖臣仲梁懷與陽虎有隙陽虎欲逐懷公山不狃止之其秋懷益驕虎執懷桓子怒虎因囚桓子與盟而釋之由此虎益專恣自大夫以下皆僭離於正道故孔子不仕退而修詩書禮樂弟子彌衆至自遠方莫不受業焉

爲宰中都

周敬王十五年魯定公五年也定公以孔子為中都宰制為養生送死之節長幼異食強弱異任男女別途路無拾遺器不彫僞四寸之棺五寸之椁因丘陵為墳不封不樹行之一年而四方之諸侯則焉

按

大明一統誌謂定公九年孔子宰於中都史記謂公山不狃之召在定公九年孔子未為中都之前是矣若云在為宰之後則孔子既尊用於魯君又見信於季氏乃欲舍魯背季而赴不狃之召豈理也哉豈人情也哉

夾谷會盟

周敬王二十年魯定公十年春公會齊侯於夾谷孔子攝相事獻酬禮畢齊有司請奏四方之樂旌旄羽袚鼓譟而至孔子趨而進曰吾兩君為好夷狄之樂何為請命有司郤之景公心怍麾而去之有頃齊奏宮中之樂娼優侏儒為戲孔子趨而進曰匹夫熒惑諸侯者罪當誅請命有司加法焉公懼有慚色於是遣使乃歸所侵魯之鄆汶陽龜陰之田以謝過

按高氏曰孔子夾谷之事人可能也而使大國失守悔過效順所不可能也此修誠之至崇德之事感於人之 譬如干羽格有苗 非任智者所能測也

誅亂兩觀

周敬王二十二年魯定公十二年也孔子由大司寇攝行相事與聞朝政七日而誅亂政大夫少正卯於兩觀之下三月而魯國大治粥羔豚者弗飾賈男女行者别於塗道不拾遺

按家語云子貢問曰夫少正卯魯之聞人也夫子為政而始誅之或者為失乎夫子告其故曰天下有大惡五而竊盜不與焉心逆而險行辟而堅言偽而辯記醜而博順非而澤五者有一於人則不免君子之誅而少正卯兼有之此乃人之姦雄也故不可赦也觀夫子去惡除姦之速如此則凡有裨於君國子民者無不舉矣宜乎國人有袞衣章甫之誦歟

請隳三都

是年夏孔子言於定公曰臣聞家不藏甲大夫無百雉之城今三家過制請損之使仲由為季氏宰墮三都收其甲兵孟氏不肯墮成圍之不克

按朱子曰孔子之墮都亦因其機而為之季氏是時自不柰陪臣何故假孔子之力以去之斯言得之矣或曰費郈固因夫子之言而墮矣何成之不肯墮邪曰欲損三家之過制以強公室夫子之本心也因其機而導之者夫子之術智也當時夫子見信於季孫季孫悅夫子之言則費郈之墮出於不意及公斂處父次第喚醒孟氏故不肯墮成矣

受樂遄行

周敬王二十三年魯定公十三年也孔子在魯與聞國政政成化行齊人聞而懼焉乃用犂彌之計選國内美女文馬以遺魯君魯君為周徧道路之遊因出觀女樂若不為女樂專往者遂受之怠于政事孔子遂行

按孔子一言大夫過制而遂墮三都之城再言顓臾之不可伐而遂寢季氏之謀至於女樂之受則不能諫止吾于是而知淫聲艶色比之貨利尤足以惑人而為人情之所易溺雖聖人亦未如之何也此貴德者所以先遠色而為邦者所以欲放鄭聲遠之放之則不為其所溺矣

国匡自信

是年孔子去魯適衛去衛適陳過匡陽虎曾暴於匡孔子貌類陽虎匡人拘孔子五日孔子絃歌不輟曰文王既沒文不在茲乎既而甲者進曰吾初以為陽虎也遂解圍

按史記以為陽虎嘗暴於匡孔子貌似陽虎而拘焉則陽虎去魯即自齊奔晉仗趙簡子簡子勢方強横匡人豈敢犯之況陽虎聲勢氣焰自與孔子不類匡人何至惑于貌而悞其人耶盖欲解孔子非自取者而不知横逆之來雖聖人有所難免也

乘衛靈
孔聖家語圖
卷
廿三

周敬王二十四年魯定公十四年也孔子自蒲反衛主蘧伯玉家靈公與夫人同車使孔子為次乘招遥市過之孔子醜其所為曰吾未見好德如好色者也遂去之

按靈公方逐世子蒯聵夫人南子願見孔子孔子見之人但知入國有見小君之禮而不知孔子微意將啓其母子親愛之端雖子路猶不能知故不以見南子為悦蓋聖人一身道全德備渾是天理理可見則見之何計其孰為善孰為惡孰為男孰為女乎

習禮宋郊

是年孔子去衛適曹曹人不答去曹適宋與弟子習禮大樹下宋司馬桓魋欲殺孔子伐其樹孔子微服而過宋去之時弟子欲速其行孔子曰天生德於予桓魋其如予何

按孟子云孔子不悅於魯衛遭宋桓司馬將要而殺之微服而過宋主於司城貞子為陳侯周臣則過宋適陳之事在去衛之時可證矣年表既曰定公十四年至陳而又曰哀公三年過宋與孟子文異愚謂孟子去孔子時甚近其傳聞必真也

東門貽誚

周敬王二十五年魯定公十五年也孔子去宋適鄭與弟子相失孔子獨立郭東門鄭人謂子貢曰東門有人其顙似堯其項似皋陶其肩似子產自肩以下不及禹者三寸纍纍若喪家之狗子貢告孔子孔子笑曰形狀末也似喪家之狗然哉然哉

按孔子生亂世道不得行故有纍然而不得志之貌鄭人識而譏之亦賢矣哉殊不知孔子當宋之厄不得已而過鄭適陳以司城貞子之賢厥幾有望焉陳侯闇卒不可與有為乃假其力以反魯耳

庭辭矢

孔子至陳主司城貞子家歲餘有隼集於陳庭而死楛矢貫之石砮矢長尺有咫陳愍公問孔子對曰此肅慎之矢也試求之故府果得之

按肅慎之矢昔武王克商道通九夷八蠻使各以其方賄來貢使無忘職業於是肅慎楛矢石砮長尺有咫先王欲昭其令德以肅慎矢分大姬配虞胡公而封諸陳分同姓以珍玉展親也分異姓以遠方貢使無忘服也故分陳以肅慎矢家語國語作孔子答惠公此作答愍公之問為是

寄心擊磬

周敬王二十七年魯哀公二年也孔子與弟子擊磬于衛有荷蕢而過門曰有心哉擊磬乎既而曰鄙哉鏗鏗乎莫已知也斯已而已矣深則厲淺則揭子曰果哉末之難矣

按朱子云聖人心同天地視天下猶一家中國猶一人不能一日忘也荷蕢聞磬聲而知其有心則亦非常人矣殊不知聖人憂時憫世之心正挽回治道之微權也烏敢以莫已知必天下也耶

禮衰去衛

是年衛靈公問陳孔子對曰軍旅之事未之學也明日與孔子語見蜚鴈仰視之色不在孔子孔子見禮貌衰遂行復如陳

按舊以靈公問陳孔子明日遂行載於哀公三年非也哀公二年春秋書曰夏四月丙子衛侯元卒若謂事在三年則靈公之卒已踰一載孔子因兵陳之問蜚鴈之視而去衛如陳皆不得通矣

厄陳絕糧

是年孔子去衛適陳楚使人聘孔子孔子將往拜禮陳蔡大夫謀曰孔子用於楚則陳蔡危矣於是相與發徒圍孔子於野不得行絕糧從者病莫能興孔子講誦絃歌不衰於是使子貢至楚昭王興師迎孔子然後得免

按危邦不入孔子何依依於陳蔡間歟噫此豈衆人所能測哉蓋聖人造物之心猶之天然苟可與焉削跡非所計也其萬物一體天下一家之心可想見矣若夫危邦不入之言延為未至於聖者立則耳聖人體道之大權則不可執是議之也

入蔡問津

周敬王三十年魯哀公五年也孔子去葉反於蔡忘
葉邑濟渡之處見長沮桀溺耦而耕使子路問津焉
沮溺不告以津處曰滔滔者天下皆是也而誰以易
之且而與其從辟人之士也豈若從辟世之士哉耰
而不輟

按沮溺丈人

大明一統志以為葉人是也朱子以為蔡人吳氏以
為楚人者蓋當時葉蔡俱服楚故以為楚人亦是

臨河傷類

是年文反衛趙簡子使人來聘孔子孔子將西見簡子至於河許聞竇鳴犢舜華之死也臨河而嘆曰美哉水洋洋乎丘之不濟此命也子貢曰何謂也孔子曰君子惡傷其類也乃弗濟河回車息於衛之鄒鄉作臨河操以哀之

按孔子曰竇鳴犢舜華晉之賢大夫也趙簡子未得志之時須此兩人而後從政及其已得志殺之乃從政故孔子聞之曰刳胎殺夭則麒麟不至其郊竭澤涸魚則蛟龍不處其淵覆巢毀卵則鳳凰不翔其邑何則諱傷其類也夫鳥獸之於不義也尚知辟之而況乎丘哉遂返乎衛主蘧伯玉家

觀臺釋戮

周敬王三十一年魯哀公六年也孔子自衛之陳陳侯起陵陽之臺未畢而死者數十人又執三監吏將殺之夫子既見陳侯與登臺而觀陳侯曰昔周作靈臺亦戮人乎對曰文王之興附者六州六州之衆以子道來不日成之何戮之有陳侯赦所執之吏遂罷

按孔子居陳三歲會晉楚爭强更伐陳及吳侵陳楚救陳軍于城父地名聞夫子在陳使人聘之則夫子久留陳蔡矣何陳蔡諸大夫所設行未聞有一事謀及於夫子惟見陵陽臺之觀而已矣宜乎後為楚所滅也歟

楚封見沮

是年孔子至楚昭王將封以書社之地令尹子西諫曰王之使使諸侯有如子貢者乎輔相有如顔回者乎將帥有如子路者乎官尹有如宰予者乎孔丘得據土壤賢弟子為佐非楚之福也昭王迺止孔子自楚反乎衛

按昭王將以書社七百里封孔子朱子以為恐無七百里之理索隱云古者二十五家為里里必立社則七百里者七百社而二萬七千五百家也愚謂昭王欲封孔子以百里之地觀子西止之曰百里之君卒王天下今孔丘得據土壤非楚之福則其為百里無疑矣

季康幣迎

孔子在衛季康子以幣迎歸魯作丘陵之歌曰登彼丘陵峛崺其阪仁道在邇求之若遠遂迷不復自嬰屯蹇喟然四顧題彼泰山鬱確其高梁甫四連枳棘充路陟之無緣將伐無柯患滋蔓延惟以永嘆涕泗潺湲

按季康子追憶父桓子可召孔子之命欲召孔子公之魚曰昔吾先君用之不終為諸侯笑今又用之不終是又為諸侯笑康子乃召冉求求將行孔子曰魯人召求非小用之將大用之也子貢送求則誡曰即用以孔子為招云求為季氏宰於是乃幣迎孔子孔子亦不久而歸魯矣

删述六經

周敬王三十六年魯哀公十一年也孔子自衛歸魯魯終不能用孔子孔子亦不求仕乃序書傳禮記删詩正樂序易彖象繫說卦文言弟子盖三千焉身通六藝者七十二人

按孔子序書傳上紀唐虞下至秦繆凡五十九篇編次其事删古詩三千餘篇上采契稷下迹殷周止存三百十一篇其理樂也追嘆曰師摯之始關雎之亂洋洋乎盈耳哉又曰吾自衛反魯然後樂正雅頌各得其所晚而喜易序彖象繫辭說卦文言讀易之勤韋編三絕曰假我數年以學易可以無大過矣

著作告成

孔子自衛反魯之後三年因著作既成乃齋戒向北斗告備忽有赤虹自天而下化爲黃玉刻文孔子跪而受之

按六經告備而虹降或者以爲近誣噫蒼頡制六書之字而龍蛇爲之泣淵宋藝祖開文學之端而五星爲之聚奎是皆精誠所格上致日星之應而下召物產之禎也况孔子德配天地而道合陰陽六經之文又所以明帝王之道而洩天人之祕闡鬼神之奥者也則其北斗呈祥赤虹化玉又何疑哉

西郊泣麟

周敬王三十九年魯哀公十四年也春哀公西狩大野叔孫氏之車子鉏商獲麟折其前左足載以歸衆莫之識棄之五父之衢孔子往觀之泣曰麟也麟仁獸出而死吾道窮矣乃作春秋

按胡傳曰魯史成經麟出於野則春秋之作在於獲麟之先及按林堯叟解曰孔子先有制作之意又為獲麟所感乃作春秋非是文成而致麟也則春秋之作在於獲麟之後愚謂左丘明受經於仲尼以仲尼之言高遠難繼又為之作傳則其脩史之年月必得其實故以作經在獲麟之後者為是

夢奠兩楹

孔子七十四歲壬戌周敬王四十一年魯哀公十六年也是年四月丁巳夜孔子夢坐兩楹之間而見陳奠知其為將亡之徵也明日戊午孔子蚤作反手郤後曳杖而行逍遥於門而有泰山梁木之歌子貢來遂語以昨暮坐奠之夢自解夢奠之占云果寢疾七日而卒卒於是年四月十八日乙丑午時

按左傳作己丑日孔子卒然是年四月乃戊申朔有乙丑而無己丑己丑在五月十一日蓋己與乙字相近故誤書耳

瘞魯泗上

是年六月丁巳日葬孔子於魯城北泗上弟子皆服心喪三年畢相訣而去各復盡哀惟子貢廬於冢上凡六年然後去弟子及魯人往從冢上而家者百餘家按大夫士三月而葬者古禮也孔子嘗為大夫四月卒而六月葬則亦三月矣又按門人公西華為志以孔子聖人也乃兼用三代之禮以尊榮之其飾棺也以素為褚褚外加牆車邊置翣恐柩車傾虧又設披繩以維持之此用周制也及其送葬也乘車所建之旌旂則刻繒以崇牙之飾此用殷制也綢盛旌旂之竿而以素絲練於杠首則設尺之旐此用夏制也

漢高崇祀

魯自哀公十七年立廟歲時奉祠孔子冢後世因廟藏孔子衣冠琴書至漢二百餘年不絕高祖過魯以太牢祀焉

按湘王聖蹟圖贊曰穆穆廟庭聖德斯尊肅肅衣冠聖澤斯存漢祖崇儒躬拜闕里太牢之祀百代伊始

附歷代贊詠

唐肅宗御製宣聖贊

猗歟夫子實有聖德其道可尊其儀不忒刪詩定禮百王取則吾豈匏瓜東西南北

宋太祖御製宣聖贊

王澤下衰文武將墜尼父挺生河海標異祖述堯舜有德無位哲人其萎鳳鳥不至

真宗御製宣聖贊

立言不朽垂教無疆昭然令德偉哉素王人倫之表帝道之綱厥功茂實其用允臧升中既畢盛典

載揚洪名有赫懿範彌彰

徽宗御製宣聖贊

厥初生民自天有造百世之師立人之道有彝有倫垂世立教爰集大成千古允蹈乃嚴斯所乃瞻斯宮瞻彼德容云孰不崇

高宗御製宣聖贊

大哉宣王斯文在茲帝王之式古今之師志則春秋道由忠恕賢於堯舜日月其喻惟時載雍戢此武功肅昭盛儀海寓聿崇

理宗御製宣聖贊

聖哉尼父秉德在躬歷聘列國道大莫容六藝所作文教名崇古今日月萬代所宗

正考父賛　王粲 魏侍中

恂恂正父應獨孔盛身為國卿族則公姓年在耆耋三葉聞政誰能不怠申慈約儉饘粥予口傴僂受命名書金鼎祚及後聖

小引賛　尹復臻 府學教授

夫子之像其初孰傳得於其家幾二千季仰聖人之容色瞻若人之衣冠信所謂溫而厲威而不猛恭而安若夫其道如神其德如天則自生民以來

未有如夫子蓋吾得而名言

石刻像贊

高天下於無者必以夫子為卑顯天下於有者必以夫子為微乃夫子之矩尺中至正而無所踰非循循以從之不疾而不徐又何以瞠乎見夫子於卓爾有無高卑隱顯之間之妙用哉有來瞻衣其諦思之

謁廟贊　甄暴佳台 山東僉事

於戲天地吾知其大也料數莫逃乎管圭江河吾知其至廣也泳游不過乎航葦吾夫子之德出乎

其類拔乎其萃自生民以來未之有也不江不河潤則有餘非日非月光無不及微夫子則不知其所以始微夫子則不知其所以終儀範百王憲章後世祀典常奉歷代有之孔林茂密子孫保之釋奠廟貌神其歆之

顔母山贊　　三代孔公璜學錄

厥初顔氏飽天地春毓鍾至聖卓冠群倫有光前烈垂裕後昆惟木與水探本尋源井洌寒泉廟閑白雲千秋萬禩永裕明禋

手植檜贊　　宋太常博士米芾

煒東皇養百日御元氣昭道一動化機此檜植矯龍惟梃雄質二千年敲金石紀治亂如一日百代公蔭圭璧

元明善

手植檜聖像贊

乙巳冬十二月拜林廟還得手植檜把握許就刻之爲宣聖顏孟十哲像且以文楷爲龕像出於手檜爲難其得於煨燼之餘又爲難合是二難宜爲儒家世寶迺百拜而爲贊云

體則微理則全望之儼然就之温然見其參於前手所植焉形所寓焉歛之管規浩浩其天是倚以

為甘棠之賢邪抑與夏禺殷槃而傳也

杏壇銘

高德裔 金開州刺史

周室下衰王綱解紐非大聖人狂瀾莫救天挺夫子生民未有立言範世木舌金口三千之徒義由此受我瞻道壇實為教首萬代護持天長地久

手植檜銘

張頿 元導江人教授

宣聖手植檜燬於丙戌之火根或戕之歲久無遺後八十歲在癸巳是為至元三年頿來為教授甲午春仲東廡頹阯甓隙間茁焉其芽躬植復於故處矢之曰此檜日茂則孔氏日興明年春翠色葱

然又明年丙申秩滿去喜矢言之有相也銘以識之其詞曰

兹檜之幹高參於天兹檜之根深及於泉是爲手植自古有傳去聖伊何曰歲二千氣芳而達色嚴而堅誰爲崑岡良玉以瑱誰謂斧斯奚菀以連嘉種載衍有芽其卷茁乎甕間東廡之偏坊徙故處全其天然孔子以興矢言有焉粤若三祀葱葱芊芊聖道以續聖澤以延肫肫其仁淵淵其淵自今以始千億萬年

魯壁銘

在天成象壁星主文聖人藏書所以順天也噫乾坤不可以久否故交之以泰日月不可以久晦又繼之以明文籍不可以久廢亦受之以興我夫子當周之衰則否闕魯之亂則晦及秦之暴則廢過漢之王則興其廢也賴斯壁而藏之其興也因斯壁而發之矧乎三墳言大道也述乎君則堯舜禹湯文武之業備矣述乎臣則皐䕫稷契伊呂之功盡矣濟乎世則六府存矣化乎人則五教立矣向使不藏魯壁盡委秦坑焰飛聖言灰竭帝道則後之為君者不聞堯舜禪讓之德禹湯征伐之功文

武憲章之典將歆化民不亦難乎後之為臣者皐之述九德夔之和八音稷之播百穀契之遜五品伊之翊贊呂之征伐復歆致君不亦難乎世之不知六府則無火食之人有卉服之衆與夷狄攸同矣人不知五教則忘父子之慈孝兄弟之友恭與鳥獸無別矣欲見熙熙之國政平平之王道不亦遠乎嗚呼金有匱玉有櫝防之以關鍵固之以緘縢人必有竊而求之者盖重利也斯壁藏君臣之道父子之教人無求行之者盖輕義也恐壞斯壁毀斯文命共王以壞之伏生以誦之使夫皎然如

上古之道其大矣式銘曰

櫖山高兮為秦城鑿池深兮為秦坑城之高兮胡先壞池之深兮胡先平伊斯壁兮藏家書歷秦亂兮猶不傾壞之者共王誦之者伏生發典謨訓誥之義振金石絲竹之聲如天地兮否而後泰如日月兮晦而後明秦之焚兮未盡我不為燼秦之坑兮未得爾滅其國江海涸竭乾坤傾側唯斯文兮用之不息

詩禮堂銘

明李東陽

闕里孔廟之東有詩禮堂蓋舊名也按察僉事黃

君繡重建茲廟嘗聞故衍聖公弘泰言金章宗謁廟時為行幄以駐蹕比去有司請撤之章宗云留為孔氏延賓齋遂止勿撤近燬於火今稍移而東南數武許加崇廣焉因為銘以遺今衍聖公聞韶俾識之銘曰

惟孔有庭聖訓攸在父立子過其徒是賴其訓維何維詩及禮手所刪定教自家始聖不可作庭名固存萬世是師矧惟子孫有齋延賓金所駐蹕彼夷則然矧我中國新廟既闢斯堂亦遷有來繩繩世守勿諼

金絲堂銘

金絲堂舊在孔廟左廡之東，東直井前，直詩禮堂。嘗握地得石刻，知為孔子故宅。蓋世傳魯共王聞金石絲竹者也。歷代之樂器藏於其間，比者廟毀，而堂猶存。新廟之闢，堂地皆入左廡，金絲則移而西，與詩禮正相直，東陽既各為篆額，復為銘。余絲之銘曰：

惟孔有宅，曰惟聖門，魯共何人，欲壞更存。惟壁有書，四代之文，維堂有聲，八音是聞。此事茫昧，書則真有，有堂載新，宅固其舊。闡樂知德，斯言已久。金

絲在焉名不可朽昔堂在東今堂在西歆究厥初

視我銘詩

唐玄宗詔追謚文宣王仍出王者袞冕之服以衣之

故作此詩

夫子何為者棲〻一代中地鄰鄒氏邑住近魯王

宮嘆鳳嗟時否傷麟怨道窮今看兩楹奠嘗與夢

相同

太祖高皇帝遣國子祭酒孔克堅代祀宣聖西京

御製詩以遺之

孔氏曾孫祭祖田但言農務野荒閒我知蓋世民

容喜必解春風每歲来

宋人詩

題祖聖詩二首　孔道輔四十五代孫

秦火自焚帝害聖金絲堂壁閟家書典墳啓發皆
天意非謂共王好治居

門有詩書不彩華素王留得好生涯行人莫訝頻
回首天下文章第一家

題祖聖手植檜詩　孔舜亮四十六代孫

聖人嘉異種移對頌誦絃堂雙本無今古千年任
雪霜右旋符地順右紐象乾剛枝覆詩書府根蟠

禮樂鄉盛同文不朽高與道相當洙泗滋榮茂龜
蒙借欝蒼毓靈金木萃鍾秀極勾芒氣爽群居席
烟凝數仞墻陰連槐市緑子落杏壇香布露周千
尺騰凌上百常傍欺半林小遠笑嶧桐黄屹若孽
天柱森如出日桑風中雕虎嘯雲際老龍驤直欲
驚魍魅瑞疑待鳳凰鱗差闘翠甲幹錯羽林槍
大節忠臣槩堅心志士方魯宮侵不得秦火縱何
傷宣子休誇樹姬人謾愛棠松卑虚視爵花賤枉
封王誰念真儒跡何當議寵章

題手植檜詩

趙思　兖州府知府

擢秀真儒宅垂陰數仞墻封培因聖力茂達得靈長根踞龍蛇勢枝延鸑鷟翔勞躬師禹稷蔓草薙韓莊偃蹇明堂幹蕭森岱嶽陽圍欺漢武栢愛奄乃公棠日月成塵刼乾坤屢戰塲恩深感樵牧忠厚及牛羊云有神明護寧逃剪伐傷歲寒千古色宜並子孫昌

謁孔廟詩　錢伯言

接得丹枝黼座旁至今衣袖有天香猶嗟不及成均謝先擁朱旛拜廟堂

二首　高詡

帝王而下幾興亡銷盡繁華作戰塲惟有東家詩
禮在子孫萬古讀書堂

六經不幸火於秦日月曾何礙片雲用舍從來關
治亂皇天本不喪斯文

題孔林詩

靈光殿右生秋草曲阜城荒噪暮鴉惟有孔林殘
昭穆至今猶屬仲尼家

元人詩

二首　　名亡

周室東遷嘆黍離篤生元聖在當時六經載籍斯

文主萬世攸宗帝者師慶衍魯邦綿子姓轍環天下仰容儀謁来瞻拜門墻下得遂平生願學私

龍顔帝子駐鑾輿魯謁先師舊宅居孔道日隆王業盛秦坑火冷覇圖除空傷筆絶麒麟史高載壁藏蝌蚪書還憶宋金仁聖主崇文親幸五車書

三人相和詩　揚奐

曾見春風入杏壇奎文閣上獨凭欄淵源自古尊洙泗祖述何人似孟韓竹簡不隨秦火冷楷林空倚魯成寒飄零踪跡千年後無分東西老一簞

韓文獻

萋萋野草翳雩壇回首尼山一倚欄空想文風復
鄒魯豈知俗學尚申韓扆堂晝夜禽聲雜高閣春
深檜影寒樂道獨憐紫陽子忘情軒冕羨壺簞

劉詡

棄閑策杖上郊壇絕勝登樓靜倚欄千古遺踪思
孔孟百年雅集數楊韓泉通鰲背波汶冷月照龍
門夜色寒此去關西有東魯柳塘沙路走壺簞

劉惠淵

七十遑遑席靡安周流列國始旋轅發明天理見
經旨整頓人倫窒亂源比德唐虞賢更遠齊仁羲

載道彌尊君王師，範渾無報世〻榮封裕後昆。

范雯

玉振金聲仰素王，此生何幸謁門墻。巍〻道德乾坤大，耿〻文章日月光。楷木四時榮俎豆，檜枝千古蔭珪璋。淵源洙泗閥孫衍，亹〻吾伊舊講堂。

吴啓

道大如天信莫登，恩酬罔極竟無能。嶽垣不滌斯文柄，闕里何由拜孔陵。千頃祭田香黍熟，半林楷木綠陰層。一坏黃土留遺迹，直與乾坤共廢興。

楊文郁

悠ゝ往古繼来今天地無窮照孔林兩下金絲堂
下拜門生無負百年心

國朝詩

二首　彭勗

焱火靈光羡獨存斯文萬古配乾坤沂流泗水今
猶昔聖道淵源孰與倫

魯國成榛莽惟餘闕里存年深林愈茂世遠道彌
尊地湧奎文閣天開毓粹門閫今承繼數六十代
仍孫　李本

轍還天下去遲遲忘食忘憂老不知道學振揚天地鐸文章經緯帝王師騰蛟起鳳周末廟擎玉敲金漢古碑獨有素王臺上月夜深猶似照當時

汪舜民 乙未進士

幾載窗前讀舊書今朝方造杏壇居豐碑喜在文明日老檜還同手植初秦火暫焚亡二千世宋星復聚啓諸儒升堂欲繼三千未貽蹇庸材愧不如

杏壇北去無多路泰岳南來第幾岑大地一朝收間氣晴嵐千古鎖幽林六年築室人何在三世題碑跡可尋獨幸遺經能載道至今不朽淑人心

劉濬

久坐儒氈講孔書承恩喜造聖人居杏壇下拜慚
無補闕里從遊幸有餘道學萬年資領袖斯文千
古賴權輿也知聖德同天地歷世君王復幾如

黃仲芳 山東參議

路入垣門一經幽素王高墓□千秋山林岱嶽佳
城壯樹入青齊泗水流華表□麟来故宋穹碑鳥
篆自東周鯫生何幸躬瞻□不薦蘋蘩荅聖猷

徐源 工部主事

百畆青丘葬聖賢纍纍三墳□珠璉桓魋石槨成

何事子貢茅廬獨幾年闕里光華同皎月泗沂清派接長天書生不忝斯文裔端拜穹碑古木前

祖陵懷古　孔公璜

清暇重臨駐驛亭儼然空仰聖儀形水通洙泗淵源碧山擁尼防秀氣青馬足風雲開輦路螭頭苔蘚獲碑銘楷文古木成孫子挺核層霄億萬齡

孔壇老杏詩　潘禎

古木參天黛色新祖庭深處自無塵千年道德猶宗聖百世絃歌尚有人花戰東風成化雨樹留西日醉暘春遥遥駐節躬瞻拜盡是清朝老縉紳

題尼山毓聖祠詩　陳國瑞

承詔尼山寵錫封爲言毓聖特褒崇五峰鴈列岡巒秀一洞龍蟠氣象雄河潤應知流澤遠頂圬猶見肖形同生民未有如夫子釋奠春秋代代隆

題宣聖墓詩　李東陽

墓古千年在林深五月寒恩霑周雨露儀識漢衣冠駐驛亭猶峙巢枝鳥未安斷碑深樹裏無路可尋看

孔聖家語圖卷之二

武林後學吳嘉謨集校

相魯第一

孔子初仕爲中都宰（中都魯之屬邑）制爲養生送死之節（定生事死葬之禮使無過不及故謂之節）長幼異食（如禮五十異糧六十至九十食各以漸加異也）強弱異任（任謂力作之事各從所任不用弱也）男女別塗（男子由右女子由左）路無拾遺器不彫偽（器尚質不彫飾不詐爲已上養生之節）爲四寸之棺五寸之槨（棺喪具木厚四寸槨周棺之具木厚五寸）因丘陵爲墳（因地勢高下爲界）不封不樹（不聚土爲墓不植松柏已上送死之節）行之一年而西方之諸侯則焉（魯國在東故西方諸侯皆則之）定公謂孔子曰學子此

法以治魯國何如孔子對曰雖天下可乎何但魯國而已哉於是二年定公以爲司空乃別五土之性曰山林二曰川澤三曰丘陵四曰墳衍五曰原隰此夫子分別五土之性如此也而物各得其所生之宜百物各得土地所宜而生咸得厥所所產皆得其地先時季氏葬昭公于墓道之南先季平子逐昭公歿于乾侯平子將溝之不令近先公墓塋駕鸞曰生不能事歿又離之以自旌也縱子忍之後或恥之乃葬于墓道南孔子溝而合諸墓焉溝水道季氏始欲溝昭公之墓以別於群公兆域雖因駕鸞之言不果溝而猶葬之於墓外故孔子爲溝于公墓外使與先公合也謂季桓子曰桓子平子之子也貶君以彰己罪非禮也彰己罪即駕鸞所謂自旌之意今合之所以揜夫子之不臣所以蔽平子不臣之罪夫子指平子也由司空爲大司寇設法而

不用無奸民

定公與齊侯會於夾谷孔子攝（權也）相事曰臣聞有文事者必有武備有武事者必有文備（文乃本武乃衛二者不可偏廢）古者諸侯並出疆必具官以從（必具文臣武職以相隨）請具左右司馬定公從之（從其請也）至會所（同至夾谷所會之處）爲壇位土階三等以遇禮相見（遇禮簡畧之禮也）揖讓而登（賓主揖遜而後登壇）獻酢（獻酢）旣畢齊使萊人（萊人東夷人也）以兵鼓譟劫定公（用兵鼓張威以懼定公也）孔子歷階而進以公退（使定公以退避）曰士以兵之吾兩君爲好（修禮也）裔夷之俘（裔邊裔夷夷狄俘者陣中之虜也）敢以兵亂之非齊君所以命諸侯也（謂非齊侯所以與諸侯修好之禮也）裔不

謀夏邊人不得與中國之謀夷不亂華夷人不得亂中華之法俘不干盟俘虜之人不得與盟會之事兵不偪好兵威不得近修好之所於神爲不祥在神爲不吉之事於德爲僭義在德爲過愆之義於人爲失禮在人爲失禮之愆君必不然言齊侯必不如此齊侯心怍齊侯聞夫子之言其心愧怍麾而避之使萊人等退避有頃齊奏宮中之樂俳優侏儒戲於前俳優雜劇之人侏儒矮人呈戲於兩君之前也孔子趨進歷階而上不盡一等立於中階不敢登第一等級也曰匹夫熒惑諸侯罪當誅請右司馬速加刑焉於是斬侏儒齊侯懼有慙色將盟將盟誓修好齊人加載書齊人乃執筆加于誓書上曰齊師出境言齊三軍出境界而不以兵車三百乘從我者而汝也下同魯不使三百乘兵車從

（齊侯者）有如此盟孔子使茲無選（茲無選魯大夫也）對曰而不返我汶陽之田（言汝不還前時所侵過魯國汶陽之田）吾所供命者亦如之（我使齊供我之臣亦不得還齊亦如齊之盟言）齊侯將設享禮（齊侯將行燕享之禮）孔子以梁丘據曰（以與也）齊魯之故（齊魯舊事）吾子何不聞焉（吾子指丘據也言汝豈不聞其故乎）事既成矣（盟事已成）而又享之（又行燕享之禮）是勤執事（是徒勞執事之人）且犧象不出門（夫犧象之尊在法不出門）嘉樂不野合（樂之嘉者不於野外奏合）享而既具是棄禮（享禮太過則失其禮）若其不具（禮苟不備）是用粃糠（則如用粃糠也粃谷不成粃糠似禾之草）用粃糠君辱（禮用粃糠則君受辱）棄禮名惡（廢禮則名不美）子盍圖之（子亦指丘據也言汝何不謀之）夫享所以昭德也（夫燕禮者明其德也）不昭不

如其已（享不明德不如不享）乃不果享（乃不行享禮）齊侯歸（齊侯返國）責其群臣曰魯以君子之道輔其君（魯國臣用君子之道以佐其主）而子獨以夷狄之道教寡人（責群臣言汝用夷狄之道以教寡德之人）使得罪（使我得罪於魯君）於是乃歸所侵魯之四邑及汶陽之田（齊乃還魯四縣及汶陽之田）

孔子言於定公曰家不藏甲（卿大夫稱家不得蓄兵甲）邑無百雉之城（城三堵曰雉縣有百雉過制也）古之制也（古法如此）今三家過制（三家孟孫叔孫季孫也過制築城於邑）請皆損之（請魯君損其過制）乃使季氏宰仲由隳三都（子路為季氏宰孔子使壞三家之都城）叔孫不得意於季氏（叔孫不得志於季氏宰）因費宰公山弗擾（乃因費邑宰公山弗擾）率費

人以襲魯紂率費邑之人民舉兵以襲魯國也孔子以公與季孫叔孫孟孫孔子侍定公及三子入于費氏之宮入費邑之宮中登武子之臺升武子臺費人攻之及臺側費師攻魯公至於臺畔孔子命申句須樂頎勒士眾下伐之孔子使二人率眾下臺伐之也費人北師敗曰北遂隳三都之城乃壞三家都城彊公室尊魯國之公室弱私家弱三家之私家尊君卑臣君臣有定分政化大行而教化盛行

初魯之販羊有沈猶氏者常朝飲其羊以詐市人有公慎氏者妻淫不制有慎潰氏者奢侈踰法魯之鬻六畜者飾之以儲價及孔子之為政也則沈猶氏不敢朝飲其羊公慎氏出其妻慎潰氏越境而徙三月則

鬻牛馬者不儲價，賣羔豚者不加飾，男女行者別其塗，道不拾遺，男尚忠信，女尚貞順，四方客至於邑者不求有司（有司常供其職，客不求而有司存），皆如歸焉（言如歸家無所之也）。

始誅第二

孔子為魯司寇（定公十四年，公以孔子為司寇），攝行相事，有喜色（有喜悅之容）。仲由問曰：「由聞君子禍至不懼（言氣足以配道義，故禍至不恐懼也），福至不喜（不以動其心也）。今夫子得位而喜，何也（今夫子得行相位而喜，其故何也）？」孔子曰：「然，有是言也。不曰樂以貴下人乎（不言樂以貴而下為人乎）？」於是朝政七日而誅亂政大夫少正卯（魯國有亂政大夫少正卯者，故夫子戮之），戮之于兩觀之下（殺之于兩宮闕之下），尸於朝三日（陳正外ㄏ使魯人觀之也）子貢進曰夫少正卯魯之聞人也（少正卯魯國名聽之人也）今夫子爲政始誅之（今夫子初為政而即誅之）或者爲失乎（託或人言夫子得無有過失歟）孔子曰居吾語汝（爾在此我爲汝言）天下有大惡者五（天下有大不美者五事）而竊盜不與焉（盜竊不美之事亦不在此五惡数内）一曰心逆而險（處心奸逆險詐）二曰行僻而堅（行偏貴乎能改今則偏執而堅苟安不改如此則不至於敗乃公事者未之有也）三曰言偽而辨（所言詐偽又且文詐）四曰記醜而博（所行非義其惡而廣大也）五曰順非而飭（順意爲非又能潤飾）此五者有一於人（已上五惡人有其一）則不免君子之誅（不免為君子所誅）而少正卯皆兼有之（少正卯一身兼有此五惡）其居處足以撮徒成黨（其居處與小人成群會集此則邪道

漸長矣其談說足以飾褒榮衆其言談足以文褒揚榮衆人其強禦足以反是獨立其剛強抗禦反爲是獨立不改非此乃人之奸雄者也此是大奸之長者也不可以不除不可不除去之也夫殷湯誅尹諧尹諧有惡成湯誅之文王誅潘正潘正有惡周文誅之周公誅管蔡事見別篇不具太公誅華士虛偽之士太公誅之管仲誅付乙子產誅史何付乙史何事未聞凡此七子皆異世而同誅者異世言其人不同時同誅言其皆除惡也詩云憂心悄悄慍于群小栖侑之辭小人成群斯足憂矣以其大而亡國敗家小而妨賢病國斯以爲可憂矣

孔子爲魯大司寇子在魯國爲大司寇有父子訟者有父子相訴者夫子同狴執之孔子收父子同囚於牢獄三月不別因之三月不與辨其是非有哀

矜之意故也其父請正其父於夫子求正其訟夫子赦之焉不教而殺謂之虐故夫子赦之季孫聞之不悅季孫以夫子赦父子之訟不悅也曰司寇欺余言司寇罔我曩告余曰昔嘗與我言國家必先以孝國家必以孝為先務余今戮一不孝以教民孝以教百姓使知孝不亦可乎而又赦何哉何以赦為冉有以告孔子子喟然嘆曰嗚呼上失其道在上之人失其教民之道云而殺其下而殺戮其下民不能憫哀其無教之甚矣非理也甚非治國之道不教以孝民可使由之今既不教其民徒聽其訟不可也而聽其獄是殺不辜則是殺無罪也三軍大敗三軍之敗乃是訓練有不精也不可斬也不可責其收而斬之獄行不治牢獄不平不可刑也不可施刑於人何者上教之不行蓋是在上教化不行罪不在民故也

朱五百六十五

非百姓之罪乃上之無告也夫慢令謹誅賊也傲慢君令專於徵殺者謂之賊也歛無時暴也無時取於民財者則謂之暴不試責成虐也不試用於民責其有成者則謂之虐政無此三者為政無此三者之失然後刑可即也而後可以就刑書云義刑義殺勿庸以即汝心刑殺皆當合義勿用以就爾心之所安惟曰未有慎事自謂未有慎事言必教而後刑也言必先告民教之不行而後殺之可也既陳道德以先服之既施道德以服乎民而猶不可而民尚不可服尚賢以勸之尊尚賢才有德之以諭之又不可勸之又不從即廢之則棄之又不可而又不可然後以威憚之然後用以嚴威懼之若是三年如此三年之久而百姓正矣其有邪民不從化苟若有奸民不遵主之教者如此然後待之以刑乃用刑以殺之則民咸知

罪矣則百姓皆知有罪合當就刑詩云小雅南山篇天子是毗以此教民之道輔於天子俾民不迷使百姓不迷惑是以威厲而不試於是刑法雖嚴不用施於民刑錯而不用刑罰而無所施今世則不然今世則不如古法亂其教教法紛亂不一繁其刑民犯刑者多故用刑亦多使民迷惑而陷焉使百姓昏冡陷於刑法中又從而制之又用法以制之故刑彌繁於是刑法愈多而盜不勝也而民為盜者不可勝數也夫三尺之限空車不能登者何哉峻故也百仞之山重載陟焉何哉陵遲故也陵遲猶陂池也今世俗之陵遲久矣雖有刑法民能勿踰乎

王言解第三

孔子閒居孔子燕居之時曾子侍孔子曰參乎曾子名今之君

子唯士與大夫之言聞也但聞有官之大夫與出仕之人言語至於君
子之言者希君子之正言少聞也於乎嗟嘆之辭吾以王言之其不
出戶牖而化天下王者之言不必出戶庭而天下自從王者之化曾子下席
而對曰敢問何謂王者言孔子不應夫子嘿然不荅曾子肅
然而懼參凜然恐懼摳衣而退整衣服而退負席而立倚所坐之位而
起身聳立有頃須臾間孔子顧謂曰參汝可語明王之道與
汝參還可與言明王道否曾子曰非敢以爲足也參不敢謂弟子足可言王道
請因所聞而學焉請因夫子所言聞而學之子曰夫道者所以明
德也人所通行之謂道足於己之謂德依道而行者所以昭吾之德也德者所以尊
道也人之有德所行之道乃尊重是以非德道不尊非道德不明

雖有國之良馬不以其道服乘之不可以趣道里雖有博地衆民不以其道治之不可以致霸王是故昔者明王内修七教外行三至七教修然後可以守三至行然後可以征明王之道其守也則必折衝乎千里之外其征也則必還師衽席之上故曰内脩七教而上不勞（在内能脩七教則君不勞而治）外行三至而財不費（在外跡行三至則國無所費）此之謂明王之道也（明王之道乃是如此）曾子曰不勞不費之謂明王可得聞乎孔子曰昔者帝舜左禹而右皋陶不下席而天下治夫如此何上之勞乎（如此何在上之勞哉）政之不中君之患也（政教不得其中乃君之病）令之不行臣

之罪也（號令不行則是人臣慢君之令乃臣之過）若乃十一而稅（古者稅法君取其一民得其九）用民之力歲不過三日（君敦役於民歲不過三日）入山澤以其時而無征（斧斤以時入山澤不取其稅之利）關譏市鄽皆不收賦（關市但譏異服異言市鄽皆不收其賦稅）及此則生財之路而明王節之（此國家生財之道明王與節約之也）何財之費乎（何至費用其財）曾子曰敢問何謂七教（參問夫子何若為七教）孔子曰上敬老則下益孝（上之人尊敬老人則下愈盡孝）上尊齒則下益弟（上之人尊其年齒則下愈弟於長上）上樂施則下益寬（上喜於博施則下愈得寬）上親賢則下擇友（上親近賢者則下益擇友而交）上好德則下不隱（上好有德之人則賢者皆出）上惡貪則下恥爭（上不貪財則下以爭利為羞恥）上廉讓則下恥節（上清節謙）

遜則下亦知恥守節此之謂七教此謂七教目也七教者治民之本也政教定則本正矣凡上者民之表也表正則何物不正是故人君先立仁於己然後大夫忠而士信民敦俗樸男慤而女貞六者教之致也布諸天下四方而不窕薄也納諸尋常之室而不塞窒也等之等之齊之也以禮立之以義行之以順則民之棄惡如湯之灌雪焉曾子曰道則至矣弟子不足以明之孔子曰參以為姑止乎又有焉昔者明王之治民也法必裂地以封之分屬以理之然後賢民無所隱暴民無所伏使有司日省而時考之進用賢良退貶不肖則賢者說而不

肖者懼哀鰥寡養孤獨恤貧窮誘孝弟選才能此七者修則四海之内無刑民矣上之親下也如手足之於腹心（上之親下也如手足與腹心相親近）下之親上也如幼子之於慈母矣（民之親於君王如赤子之恋慕母慈）上下相親如此故（君民如此相親）令則從（號令則民樂從也）施則行（發達則民施行）民懷其德（百姓懷君之德）近者悅服（中國心悅誠服）遠者來附（遠方亦來臣附）政之致也夫布指知寸布手知尺舒肘知尋斯不遠之則也周制三百步為里千步為井三井而埒封（道曰埒淮南子曰道有行埒又提也）埒三而矩（此說里數不可以言井井自方里之名疑誤）五十里而都封百里而有國乃為稸積資聚焉恤行者有無是以蠻夷

諸夏雖衣冠不同言語不合莫不來賓故曰無市而民不乏無刑而民不亂田獵罩弋罩魚籠弋繳射也非以盈宮室爲祭與養也徵斂百姓非以盈府庫也倫人倫養君子慘怛以補不足禮節以損有餘多信而寡貌其禮可守其言可復其跡可履如饑而食如渴而飲民之信之如寒暑之必驗故視遠若邇非道邇也見明德也是故兵革不動而威用利不施而親此之謂明王之守折衝千里之外者也曾子曰敢問何謂三至參又問何者爲三至孔子曰至禮不讓而天下治至極之禮不在讓遜而天下自治云云至賞不費而天下士悅至極之賞不費而天下之士自歡悅至樂無聲而

天下民和 至極之樂無聲音而天下之民自和 明王篤行三至 明哲之王力行此三至 故天下之君可得而知 由是天下之王可得知其明聖 天下之士可得而臣 天下之士可得而為臣 天下之民可得而用 天下百姓可得而如 曾子曰敢問此義何謂 敢問此三至之言意義如何云云 孔子曰古者明王必盡知天下良士之名 古先哲王必皆悉忠良之名譽也 既知其名又知其實 既知其名譽又知其實行 然後因天下之爵以尊之 因朝廷官爵以尊禮之 此之謂至禮不讓而天下治 此是至極之禮不遜讓而天下自治 因天下之祿以富天下之士 因其爵祿而使之富 此之謂至賞不費而天下之士悅 此是至極之賞不費用而天下士大喜悅 如此則天下之名譽興焉 能若此則天下之名聲興起 此

之謂至樂無聲而天下之民和此所謂至極之樂無聲音而天下百姓和樂故曰所謂天下之至仁者能合天下之至親也所謂天下之至明者能舉天下之至賢也此三者咸通然後可以征是故仁者莫大乎愛人智者莫大乎知賢賢政者莫大乎官能有土之君脩此三者則四海之內供命而已矣夫明王之所征必道之所廢者也是故誅其君而改其政弔其民而不奪其財故明王之政猶時雨之降降至則民悅矣是故行施彌博得親彌衆此之謂還師衽席之上言安安而無憂

大婚解第四

孔子侍坐於哀公（孔子侍魯哀公坐）公曰敢問人道誰為大孔子對曰君之及此言也百姓之惠也（百姓受公之惠）臣敢無辭而對（夫子稱臣豈敢無説以對君也）人道政為大（人之道莫大於為政）夫政者正也（夫政者所以正百姓也）君為正則百姓從而正矣（君行政於上則百姓皆得其正）公曰敢問為政如之何孔子對曰夫婦別男女親（夫婦之禮宜有分別男女宜相親）君臣信（君臣之間有信）三者正則庶物從之（百姓從而皆得其正）公曰寡人雖無能也願知所以行三者之道孔子對曰古之為政愛人為大（夫子言古人之為政莫大愛人）所以治愛人禮為大（所以治愛人之道莫大於禮）所以治禮敬為大（所以治禮之道莫大於敬）敬之至矣（禮至敬則極矣）大婚為

大婚禮又為大若也大婚至矣大婚為禮之至大婚既至冕而親迎

親迎者敬之至也身親迎迎敬禮之至是故君子興敬為親捨

敬則是遺親也弗親弗敬弗尊也愛與敬其政之本

歟愛心敬心乃為政之根本也公曰寡人願有言也然冕而親迎

不已重乎孔子愀然作色而對曰合二姓之好以繼

先聖之後以為天下宗廟社稷之主君何謂已重焉

魯周公之後得郊天故言以為天下之主公曰寡人實固鄙陋不固安得聞

此言乎寡人欲問不能為辭請少進孔子曰天地不

合萬物不生大婚萬世之嗣也夫婚娶乃嗣續之大也君何謂

已重焉孔子遂言曰內以治宗廟之禮足以配天地

之神言宗廟天地神之次出以治直言之禮足以立上下之敬夫婦正則始可以治正言禮矣身正然可以正人者也物恥則足以振之恥事不知禮足以振救之國恥足以興之恥國不知禮足以興起之故為政先乎禮禮其政之本與昔三代明王必敬妻子也蓋有道焉妻也者親之主也子也者親之後也敢不敬與是故君子無不敬敬也者敬身為大身也者親之支也敢不敬與不敬其身是傷其親傷其親是傷本也傷其本則支從之而亡三者百姓之象也言百姓之所法而行身以及身子以及子妃以及妃君以修此三者則大化愾愾滿乎天下矣昔太王之道也大王出亦姜女入亦姜女國無鰥民愛其身以

及人之身愛其子以及人之子故曰太王之道如此國家順矣公曰敢問何謂敬身孔子對曰君子過言則民作辭過行則民作則言不過辭動不過則百姓恭敬以從命若是則可謂能敬其身則能成其親矣公曰何謂成其親孔子對曰君子者也人之成名也百姓與名謂之君子則是成其親為君而為其子也孔子遂言曰愛政而不能愛人則不能成其身不能成其身則不能安其土不能安其土則不能樂天安土樂天易中盡性之事隨處皆安而無一息不仁安土也既知天命而又樂天理樂天也公曰敢問何能成身孔子對曰夫其行已不過乎物謂之成身不過乎物合天道也公

曰君子何貴乎天道也孔子曰貴其不已也如日月東西相從而不已也是天道也不閉而能久不閉常通而能久言無極是天道也無為而物成是天道也已成而明之是天道也公曰寡人且愚冥言惷愚冥暗也幸煩子之於心欲煩孔子議識其心所能行也孔子蹴然避席而對曰仁人不過乎物孝子不過乎親是故仁人之事親也如事天事天如事親此謂孝子成身公曰寡人既聞如此言無如後罪何孔子對曰君子及此言是臣之福也

儒行解第五

孔子在衛冉有言於季孫曰國有聖人而不能用言魯

國存聖德之夫子而不能用欲以求治是猶郤步而欲求及前人不可得已正如退行又欲追及前行之人断断然無此理矣警季孫也今孔子在衛衛將用之已已已國也有才而以資鄰國吾國有賢人而不能用是資鄰國也難以言智也季孫以告哀公公從之季孫以冉求之言告于哀公公從其言孔子既至舍孔子既至魯傳舍哀公館焉就孔子舍也公自阼階公先降自東階孔子賓階夫子自西階而入升堂立侍公曰夫子之服其儒服與公謂子曰子服儒者之衣服不孔子對曰丘少居魯少年居魯國也衣逢掖之衣衣深衣之褒大長居宋及長則居宋地冠章甫之冠戴章甫之冠章甫儒冠名丘聞之君子之學也博君子之學廣博其服以鄉俗所服其衣以隨鄉俗丘未知其為儒服也不知

其為儒衣言非所重公曰敢問儒行孔子曰畧言之則不能終其物物猶事也悉數之則留更僕未可以對留久也僕大僕君燕朝則正位掌擯相更為之久將倦使之相代者也哀公命席孔子侍坐曰儒有席上之珍以待聘席藉也資也能藉先王之道以資政治也夙夜強學以待問蚤夜勤力務學以待待人之資問懷忠信以待舉心懷忠信以待君來召力行以待取其自立有如此者儒有衣冠中動作慎大讓如慢所以自抗故如慢而不敬小讓如偽所以致曲故如偽而不誠大則如威小則如媿大小以容貌言大則有所不可犯小則有所不敢為難進而易退也粥粥若無能也其容貌有如此者儒有居處齊難齊莊可畏難也其起坐恭敬言必誠信行必中正敬也道塗不

爭險易之利冬夏不爭陰陽之和（恕也）愛其死以有待也養其身以有爲也（不爭近小以害遠大）其備預有如此者儒有不寶金玉而忠信以爲寶不祈（祈求也）土地而仁義以爲土地不求多積而多文以爲富難得而易祿也易祿而難畜也非時不見不亦難得乎非義不合不亦難畜乎先勞而後祿不亦易祿乎其近人情如此者儒有委之以貨財而不貪淹之以樂好而不淫刦之以衆而不懼阻（難也）之以兵而不懾見利不虧其義見死不更其守鷙蟲攫搏不程其勇（鷙猛擊也蟲蟲即毛蟲羽蟲之蟲攫左手握也搏索持也程限量也）引重鼎不程其力（喻勇足以犯難力足以任重也）

信 四百九十四

往者不悔〔行必當理故不悔也〕來者不豫〔知足以應變故不豫〕過言不再流言不極〔流言相毀知足以止之詎可窮〕不斷其威〔常嚴莊也〕不習其謀〔物來順應〕其特立有如此者儒有可親而不可劫〔惟可以親其道不可以劫其威也〕可近而不可迫〔可相近不可勇迫〕可殺而不可辱其居處不過〔侈溢也〕其飲食不溽〔濃溽也〕其過失可微辨而不可面數也〔疏曰此向以尚氣好勝之言於理未合〕其剛毅有如此者儒有忠信以為甲冑禮義以為干櫓〔干楯櫓大戟也〕戴仁而行抱義而處〔躬行則以仁不殘暴也處已則以義不失禮也〕雖有暴政不更其所〔外侮已禦內志已定何物能變我守哉〕其自守有如此者〔守記作立〕儒有一畝之宮環堵之室〔方丈曰堵一堵言其小也〕篳門圭窬〔篳門

編荊竹為門也圭窬穿墻為窬如圭也蓬戶甕牖以編蓬為戶破甕為牖也易衣而

出更相易衣而後可出并日而食并一日之糧以為一食也上荅之不敢

以疑道合即信而就之不逆詐也上不荅之不敢以諂不合則去不患失也

其為仕有如此者儒有今人以居古人以稽稽猶同今

世行之後世以為楷法也若不逢世上所不援下所不

推讒諂之民有比黨而危之者身可危也其志不可

奪也雖危起居猶竟信其志乃不忘百姓之病也身雖

危而必行其志道雖塞而不忘其民其憂思有如此者儒有博學而不

窮知新故不窮篤行而不倦可久故不倦禮必以和優游和以也

法有節也慕賢而容衆毀方而瓦合陶瓦者毀其圓則方合其方復圓和

而有辯也（其寬裕有如此者。儒有內稱不辟親，外舉不辟怨，程功積事，不求厚祿（上不求報於君）。推賢達能，不望其報（下不責誹於人）。君得其志，民賴其德，苟利國家，不求富貴。其舉賢援能，有如此者。儒澡身浴德（致其潔淨以洗其心也），陳言而伏（入告其君，不揚於外），言而正之，上不知也；默而翹之，又不為急也（以清靜事君，因事而正，則君不知；默而發之，不急所以為不為也）。不臨深而為高，不加少而為多（言不因勢位而自矜莊也）。世治不輕，世亂不沮，同己不與，異己不非（達而必以其道，窮而必行其志，不以同己而與，不以異己而非）。其特立獨行，有如此者。儒有上不臣天子，下不事諸侯，慎靜尚寬，砥礪廉隅，強毅以與人，博學以知服服力行也近文章雖近文不勝質雖以分國視如錙銖十絫為銖八兩為錙言輕也弗肯臣仕其規為有如此者儒有合志同方營道同術竝立位相等也則樂相下位相讓也不厭與齊等也久別則聞流言不信義同則進不同則退同謂與友也其交友有如此者夫溫良者仁之本也慎敬者仁之地也寬裕者仁之作也作為也遜接者仁之能也禮節者仁之貌也言談者仁之文也歌樂者仁之和也分散者仁之施也儒行之八者既歷數以告哀公而終之以仁仁者百行之原也儒皆兼而有之猶且不敢言仁也其尊讓有如此者儒有不隕穫於貧賤隕穫隆剳也一說憂悶不安之貌不充詘於富貴充詘驕吝也一說勇躍叅

褸之貌不溷君王不累長上不閔有司溷辱也累罣礙也閔傷也言不受於君長有司也故曰儒儒者有道術之名今人之名儒也妄常以儒相詬疾詬疑作詬毀也疾惡也妄竊儒名故為人之所毀惡也哀公既聞此言也言加信行加敬曰終歿吾世弗敢復以儒為戲矣

問禮第六

哀公問於孔子曰大禮何如子之言禮何其尊尊猶重也

孔子對曰丘也鄙人不足以知大禮公曰吾子言焉

孔子曰丘聞之民之所以生者禮為大非禮則無以節事天地之神祭以事天地之神皆以禮為儀節神無百神言非禮則無以

辨君臣上下長幼之位焉禮以正名分分之嚴者莫自君臣始君臣而下又各自有上下上下之中又各自有長幼必禮而後辨其位非禮則無以別男女父子兄弟婚姻親族疏數之交焉禮以順人情情之厚者內自男女始有男女然後有父子兄弟婦黨曰昏婿黨曰姻皆由男女有之親族由父子兄弟昏姻有之間見曰疏亟見曰數自親族言必禮以別其交也是故君子以此此指禮也為之尊敬尊敬者謂大也然後以其所能教順百姓易曰禮非強世所謂順也不廢其會節此總前言會謂理之所聚而不可遺處節謂分之所限而不可過處也既有成事成事謂取日筮吉而事可成也然後治其彫鏤祭器文章黼黻祭服以別尊卑上下之等其順之也順謂人無遠心也而後言猶明也其喪祭之紀宗廟之序品其犧牲設其豕腊乾肉曰腊脩其

歲時以敬祭祀，別其親疏，序其昭穆，而後宗族會宴（一作燕），即安其居，以綴恩義，卑其宮室，節其服御，車不彫璣，器不形（一作刻）鏤，食不二味，心不淫志（疑作慝），以與萬民同利，古之明王行禮也如此。公曰：「今之君子胡莫之行也？」孔子對曰：「今之君子，好利無厭，淫行不倦，荒怠慢游，固（如固獲之固，力取也）民是盡，以遂其心，以怨其政，以忤其衆，以伐有道，求得當欲不以其所（言苟求得當其情欲而已），虐殺刑誅不以其治（理也）。夫昔之用民者由前（用上所言），今之用民者由後（用下所言），是即今之君子莫能為禮也。」

言偃問曰：「夫子之極言禮也，可得而聞乎？」孔子言：「我欲觀夏道是故之（商也）杞（夏後封杞）而不足徵也（徵證也）吾得夏時焉（於十二月之正正夏得天心之中或謂即夏小正之屬小正夏之書名也）我欲觀殷道是故之宋（殷後封宋）而不足徵也吾得乾坤焉（得天地陽陰之書即易也商易曰歸藏歸藏首坤次乾故也）乾坤之義夏時之等（例也）吾以此觀之夫禮初也始於飲食（記作夫禮之初始諸飲食初始也始猶起也飲食人之大欲人以飲食而生故禮亦緣此而始此非禮之所由起也）太古之時其燔黍擘豚（古未有釜甑以米肉加於燒石之上熟而食之）汙罇而杯飲（鑿地為罇搊手而飲）蕢桴而土鼓（束草為推土為鼓）猶可以致敬於鬼神（享其德不求備物也）及其死也升屋而號曰高（高作皐引聲之言）某（死者之名）復然後（既不復然後以下乃行死事）飲腥苴熟（始死含以珠具將塟苞苴以遺奠而送之）

形體則降魂氣則上是為天望而地藏也氣上故望天而招體降故穴地而藏故生者南鄉死者北首皆從其初也昔之王者未有宮室冬則居營窟夏則居橧巢掘地而居謂營窟土處避寒也有柴曰橧在樹曰巢木處避暑也未有火化食草木之實鳥獸之肉飲其血茹其毛毛未盡而食曰茹未有絲麻衣其羽皮後聖有作然後修火之利範金用刑範治金為器也合土和合涅土為陶器也以為臺榭宮室戶牖以炮以燔毛炙曰炮煿炙曰燔以烹以炙沈而煮之金曰烹貫而置之火曰炙以為醴酪醴醴酒酪酪漿治其絲麻以為布帛以養生送死以事鬼神故玄酒在室醴醆在戶粢醍在堂澄酒在下按禮辨酒之五齊一曰泛齊二曰醴齊三曰盎齊四曰醍

齋五曰沈齊室內在北太古用水故尊尚之戶在室稍南堂在室外下則堂下矣去古漸遠故五若各以等降設之玄酒即泛齊醆即盎齊澄即沈齊陳其犧牲備其鼎俎列其琴瑟管磬鐘鼓以其祝嘏以降其上神上神天神也與其先祖以正君臣以篤父子以睦兄弟以齊上下夫婦有所是謂承天之祜言行禮如此則神格而鬼享矣作其祝號按禮祝號有六神鬼祇牲齍幣也皆美其辭以告神也玄酒以祭薦其血毛腥其俎此三者法上古禮也熟其殽雖有所熟猶有所腥不忘古也至下合烹則無後腥矣趏越同剪蒲席也席以坐疏布以罩當作冪覆酒巾也質故用疏罩衣其浣布涑染以為祭胙醴醆以獻薦其燔炙君與夫人交獻以嘉魂魄嘉善樂也是謂合莫契合於冥漠之中也此以上至熟其殽法中古禮也然後退而

合烹（合其烹熟之體無復腥也）體其犬豕牛羊（體謂解其牲體而薦之也）實其簠簋籩豆鉶羹（簠簋詩傳瓦器以盛黍稷籩竹器豆木器以盛果核俎醢鉶銅器如鼎和羹之器也）祝以孝告（祝通孝子語於先祖）嘏以慈告（以傳先祖語於孝子）是為大祥（祥善也合烹以下此當世之禮也）此禮之大成也

五儀解第七

哀公問於孔子曰寡人欲論魯國之士與之為治敢問如何取之孔子對曰生今之世志古之道居今之俗服古之服舍此而為非者不亦鮮乎曰然則章甫絇履紳帶搢笏者賢人也（章甫冠名絇履頭之飾紳大帶搢插也笏所執以書思對命者）孔子曰不必然也丘之所言非此之謂也夫端

衣玄裳冕而垂軒者則志不在於食焄端衣玄裳齋服也軒軒車焄辛菜也斬衰菅菲菲菅蓉草履名一作屝夏曰屝周曰屨杖而歠粥者則志不在酒肉生今之世志古之道居今之俗服古之服謂此類也言服其服則制其行也公曰善哉盡此而已乎孔子曰人有五儀有庸人有士人有君子有賢人有聖人審此五者則治道畢矣公曰敢問何如斯謂之庸人孔子曰庸人者心不存慎終之規口不吐訓格格法也之言不擇賢以托其身不力行以自定見小闇大不知所務從物如流不知其所執五鑿為正心從而壞鑿竅也五鑿謂耳目鼻口及心之竅也雖似於正而耳欲聲目欲色鼻欲嗅口欲味心已從外物所

誘而壞矣一曰五鑿五情也此則庸人也。公曰：何謂士人？孔子曰：所謂士人者，心有所定，計有所守。雖不能盡通道術之本，必有率也。率猶行也雖不能備百善之美，必有處也。處猶守也是故知不務多，必審其所知；言不務多，必審其所謂；行不務多，必審其所由。言務所務者皆得其要也知既知之，言既道之，行既由之，則若性命之形骸之不可易也。言若性之所命形之所賦之不移富貴不足以益，貧賤不足以損，此則士人也。公曰：何謂君子？孔子曰：所謂君子者，言必忠信而心不怨，所言必忠信無怨惡也仁義在身而色無伐，躬行仁義而無矜伐之色思慮通明而辭不專。心思意慮照明通達不專尚言辭篤行信道。自強不息。德行純篤信行聖道強行不息油然若將可越。而終不可及者。君子也。油然不進之貌一作猶舒遲也不及謂從之末由也公曰何謂賢人。孔子曰所謂賢人者德不踰閑。依德而行不過其法行中規繩。所行所為有規矩準繩言足以法於天下。而不傷於身。其言可為天下取法言滿天下無口過故不傷身道足化於百姓而不傷於本。其道可化民亦不傷於身富則天下無宛財。德惠而天下化之不獨富也施則天下不病貧。德普而天下賴之不獨貧也此賢者也。公曰何謂聖人。孔子曰所謂聖人者德合於天地。其德可配天地也變通無方。隨時變通不執滯也窮萬事之終始。窮萬物之本末協庶品之自然。合衆物之自然明竝日月。其明可並日月之光化行若神。神化行於天下如神不可則下民不知其德。民囿於德化之中不知其有德也觀者不識其鄰。鄰以喻界畔也此則聖人也。公曰善哉。公嘆曰善哉夫子之言非凡可比非子之賢則寡人不得聞此言也。雖然寡人生於深宮之內。長於婦人之手。未嘗知哀。未嘗知憂。未嘗勞。未嘗知懼。未嘗知危。恐不足以行五儀之教。若何。孔子對曰。如君之言。已知之矣。君知如此言已知五儀之教也丘亦無所聞焉。謙詞也公曰。非吾子寡人無以啓其心。吾子言也。孔子曰。君子入廟。如右。君入太廟從右而入登自阼階。由東階而升仰視榱桷。舉目視梁俯察机筵。下視祖宗位其器皆存。祭器皆在而不覩其人。不見祖宗之主君以此思哀。則哀可知矣。

昧爽夙興（未明時起）正其衣冠（整理其衣服冠）平旦視朝（平明時臨朝）慮其危難（思其危亡之患）一物失理亂亡之端（有一物不待其道則亂之）自此始）君以此思憂則憂可知矣日出聽政至于中昃（日出聽事於殿庭至晚也）諸侯子孫往來如賓（諸侯子孫來朝如客）行禮揖讓慎其威儀（以禮相遜正其威儀）君以此思勞則勞可知矣緬然長思（深遠而思）出於四門（出國四門之外）周章遠望亡國之墟必將有數焉（觀亡國定域必有定數焉）君以此思懼則懼可知矣夫君者舟也（君如舟船）庶人者水也（衆人如水）水所以載舟亦所以覆舟君以此思危則危可知矣君能明此五者（君能知思此五者）又留意於五儀之事（又畧留心五儀之事理）則政治

何有失矣

哀公問於孔子請問取人之法孔子對曰事任於官[官所司也言各當以其所能之事任之也]無取捷捷無取鉗鉗無取啍啍[捷敏疾也鉗妄對不誠也啍多言也]捷捷貪也[捷捷不已所以為貪]鉗鉗亂也啍啍誕也[誕欺詐也]故弓調而後求勁焉馬服而後求良焉士必慤而後求智能焉不慤而多能譬之豺狼不可邇[言無智雖不慤信不能為大惡不慤信而有智能然後乃可畏也]

哀公問於孔子曰寡人欲吾國小而能守大則攻其道如何[我欲吾小國能自守而大國或來攻我則其道如何]對曰使君朝庭有禮上下相親天下百姓皆君之民[天下之人皆為公之民]將誰

攻之（何以更來攻）苟違此道（如或反其道如此）民畔如歸皆君之讎也（百姓皆畔如歸）將與誰守（將與何人共守其國）公曰善哉於是廢山澤之禁（乃廢其山澤之禁令也）弛關市之稅（能罷關市之稅賦）以惠百姓（以惠子百姓）

哀公問於孔子曰吾聞君子不愽有之乎孔子曰有之公曰何為對曰為其有二乘（一曰物雙曰乘）公曰有二乘則何為不愽子曰為其兼行惡道也（愽有三十六道）哀公懼焉有間復問曰若是乎君子之惡惡道至甚也孔子曰君子之惡惡道不甚則好善道亦不甚好善道不甚則百姓之親上亦不甚詩云未見君子憂心惙惙

慇憂也亦既見止亦既覯止我心則說詩之好善道甚也如此公曰美哉夫君子成人之善不成人之惡微吾子言焉吾弗之聞也

哀公問於孔子曰夫國家之存亡禍福信有天命非唯人也孔子對曰存亡禍福皆已而已天災地妖不能加也公曰善吾子言之豈有其事乎孔子曰昔者殷王帝辛之世有雀生大鳥於城隅焉占之曰凡以小生大則國家必王而名益昌於是帝辛介雀之德介助也以雀之德為助也不脩國政亢暴無極朝臣莫救外寇乃至殷國以亡此即以已逆天時詭福反為禍者也此逆

天祥而懸致之也又其先世殷王太戊之時道缺法圯以致妖蘖桑穀並生也于朝七日大拱占之者曰桑穀野木而不合生朝意者國亡乎太戊恐駭側身脩行思先王之政明養民之道三季之後遠方慕義重譯至者十有六國此即以己逆天時得禍為福者也此逆天災而德致之也故天災地妖所以儆人主者也寤夢徵怪所以儆人臣者也災妖不勝善政寤夢不勝善行能如此者至治之極也唯明王達此公曰寡人不鄙固此亦不得聞君子之教也鄙固即前篇實固之意

哀公問於孔子曰智者壽乎仁者壽乎孔子對曰然

人有三死而非其命也已自取也夫寢處不時飲食不節逸勞過度者疾共殺之居下位而上干其君外傳作好干上嗜慾無厭而求不止者刑共殺之以少犯衆以弱侮強忿怒不類動不量力兵共殺之此三者死非命也人自取之若夫智士仁人將將行也身有節動靜以義喜怒以時無害其性雖得壽焉不亦宜乎

孔聖家語圖卷之二

武林後學吳嘉謨集校

致思第八

孔子北遊於農山（山在魯地　一作景戎）子路子貢顏淵侍側孔子四望喟然而嘆曰於斯致思無所不至矣二三子各言爾志吾將擇焉子路進曰由願得白羽若月赤羽若日鐘鼓之音上震於天旍旗繽紛下蟠於地（蟠委也）由當一隊而敵之必也攘地千里（攘却也）搴旗執馘（搴取也取敵之旍旗馘截敵之耳以效獲也）唯由能之使二子者從我焉夫子曰勇哉子貢復進曰賜願使齊楚合戰於漭瀁

之野漭瀁廣大之野兩壘相望兩軍塵埃相接挺刃交兵賜著
縞衣白冠兵凶事故子貢尚白衣素冠陳說其間談說齊楚於陣中推論
利害釋二國之患數陳用兵之利害言二國之患難唯賜能之使二
子者從我焉夫子曰辯哉顏回退而不對孔子曰回
來汝奚獨無願乎顏回對曰文武之事則二子者既
言之矣回何云焉孔子曰雖然各言爾志也小子言
之對曰回聞薰蕕不同器而藏薰蕕之草其類各異堯桀不共
國而治道不同不相為謀也以其類異也回願得明王聖主輔相
之回所願欲明聖之主而輔相之敷其五教父子有親君臣有義夫婦有別長幼有序朋友
有信五教之日所以敷陳之也道之以禮樂又以禮樂輔導之使民城郭不

脩言世治也溝池不越無事於此鑄劍戟以為農器言無事於兵故以為農器也放牛馬於源藪牛馬不用放散於源藪與古者放牛於桃林之野歸馬於華陽之岐者可以與同日語矣正此意也室家無離曠之思男女有室家亦無離曠怨思也千歲無戰鬬之患言太平也則由無所施其勇天下平治無有事兵者矣由雖勇也其將何所施乎而賜無所用其辯矣天下平治則齊猜之君自無爭鬬賜雖有辯才也又何施乎夫子凜然曰美哉德也子路抗手而問曰夫子何選焉三子言志各出本意顏回之志如此夫子果何選焉孔子曰不傷財不害民不繁詞則顏氏之子有矣

魯有儉嗇者瓦鬲鬲曲脚鼎也煮食食之自謂其美盛之士型型瓦甂小盆也以進孔子孔子受之歡然而悅如受大牢之

饋（饋與餽同）子路曰瓦甂陋器也煮食薄膳也夫子何喜之如此乎夫子曰夫好諫者思其君食美者思（一作念）其親吾非以饌具之為厚以其食厚而我思焉（甂補玄反）

孔子之楚而有漁者獻魚焉孔子不受漁者曰天暑市遠無所鬻也思慮弃之糞壤不如獻之君子故敢以進焉於是夫子再拜受之使弟子掃地將以享祭門人曰彼將弃之而夫子以祭之何也孔子曰吾聞諸惜其腐餘（餘飪同）而欲以務施者仁人之偶（匹也）也惡有受仁人之饋而無祭者乎

季羔為衛之士師（獄官）刖人之足俄而衛有蒯聵之亂

事見他書季羔逃之走郭門知禍而知避義也刖者守門焉謂季羔曰彼有缺言彼有空可以逃季羔曰君子不踰羔言君子之人不可喻空缺之處也又曰彼有竇刖者又曰彼處有穴可以逃難季羔曰君子不隧羔又言君子不從穴出又曰於此有室刖者又言此處有室季羔乃入焉隨迹以逃其難既而追者罷追羔者不追季羔將去謂刖者曰吾不能虧主之法而親刖子之足矣我者不可察主淨而刖子之足今吾在難今我在患難之中此正子之報怨之時此正汝復報之時而逃我者三何故哉而指刖者刖者曰斷足固我之罪無可柰何曩者君治臣以法令先人後臣欲臣之免也臣知之獄决罪定臨當論刑君愀然變色貌不樂見君顏色臣又

知之君豈私臣哉天生君子其道固然此臣之所以悅一作脫君亡孔子聞之曰善哉為吏其用法一也思仁恕則樹德加嚴暴則樹怨公以行之其子羔乎

孔子曰季孫之賜我粟千鍾而交益親季平子用孔子田委吏至司空千鍾祿也自南宮敬叔之乘我車也而道加行孔子欲見老聃而西觀周敬叔言於魯君給孔子車馬問禮於老子孔子歷觀郊廟自周而還弟子四方來學也故道雖貴必有時而後重有勢而後行微夫二子之貺則丘之道殆將廢矣

孔子曰王者有似乎春秋正其本而萬物皆正文王以王季為父以太任為母以太姒為妃以武王周公為子以太

顛閎夭為臣其本美矣武王正其身以正其國正其國以正天下伐無道刑有罪一動而天下正其事成矣春秋致其時（致推極也春秋以二始舉四時也）而萬物皆及王者致其道而萬民皆治周公載已行化（載亦行也言行己以行化其身正不令而行也）而天下順之其誠至矣

曾子曰入其（一作是）國也言信於群臣而留可也行忠於卿大夫則仕可也澤施於百姓則富可也孔子曰參之言此可謂善安身矣

子路為蒲宰為水備與其民脩溝瀆（同百姓脩導溝渠）以民之勞煩苦也（見百姓勞役煩苦）人與之一簞食一壺漿（每人與之）

然字一本無

一食壺漿孔子聞之使子貢止之乃使子貢往止之子路忿然不悅往見孔子曰由也以暴雨將至恐有水災故與民脩溝洫以備之故使百姓脩溝渠以防備之而民多匱餓者是以簞食壺漿而與之夫子使賜止之是夫子止由之行仁也夫子以仁教而禁其行由不受也孔子曰汝以民為餓也何不白於君發倉廩以賑之何不白於君發粟以賑之而私以爾食饋之是汝明君之無惠是欲暴揚其君無恩惠及人而見己之德美矣汝速已則可不則汝之見罪必矣

子路問於孔子曰管仲之為人如何子曰仁也得仁道也

子路曰昔管仲說襄公公不受是不辯也欲立公子

糾而不能是不智也按齊襄公立無常度也鮑叔牙曰君使民慢亂將作矣奉公子小白出奔莒公孫無知殺襄公管夷吾召忽奉公子糾奔魯齊人殺無知魯伐齊納子糾小白自莒先入是為桓公乃殺子糾召忽死之家殘於齊而無憂色是不慈也桎梏而居檻車無慙心是無醜也言不恥惡事所射之君初魯聞知無知死發兵送公子糾入齊而使管仲別將兵遮莒道以拒公子小白管仲射小白中帶鉤是不貞也召忽死之管仲不死是不忠也孔子曰管仲説襄公襄公不受公之閒也欲立子糾而不能不遇時也家殘於齊而無憂色是知權命也桎梏而無慙心自裁審也事所射之君通於變也不死子糾量輕重也夫子糾未成君而管仲未成臣管仲才度義管

仲不死束縛而立功名未可非也召忽雖死過於取仁未足多也

孔子適齊中路聞哭者之聲其音甚哀孔子謂其僕曰此哭哀則哀矣然非喪者之哀也（也一作矣）驅而前少進見有異人焉擁鐮（鐮鍥也刈鉤也）帶索哭音不哀孔子下車追而問曰子何人也對曰吾丘吾子也曰子今非喪之所奚哭之悲也丘吾子曰吾有三失晚而自覺悔之何及曰三失可得聞乎願子告吾無隱也丘吾子曰吾少時好學周徧天下後還喪吾親是一失也事齊君君驕奢失士臣節不遂是二失也吾平生

厚交而今皆離絕是三失也夫樹欲靜而風不停子欲養而親不待往而不來者季也不可再見者親也請從此辭遂投水而死孔子曰小子識之斯足為戒矣自是弟子辭歸養親者十有三

孔子謂伯魚曰鯉乎吾聞可以與人終日不倦者其惟學焉其容體不足觀也其勇力不足憚也其先祖不足稱也其族姓不足道也終而有大名以顯聞四方流聲後裔者豈非學之效也故君子不可以不學其容不可以不飾不飭無類無類失親類宜為貌惟不飭故無貌體貌矜莊然後親愛可久故曰無貌失親也失親不忠情不相親則心無忠誠也不

忠失禮[禮以忠信為本]失禮不立[不學禮則無以立也]夫遠而有光者飭也近而愈明者學也譬之汙池水潦注焉雚[雈細葦也薍也]葦生焉雖或以觀之孰知其源乎[源泉源也水注於池而生雚葦觀者誰知其非源泉乎以言學者雖從外入及其用之人誰知其非從此出者乎]

子路見於孔子曰負重涉遠不擇地而休[寬其力也]家貧親老不擇祿而仕昔者由也事二親之時常食藜藿之實[自食惡也]為親負米百里之外[為二親負米於百里之外而歸]親沒之後南遊於楚[南遊官於楚國]從車百乘[百乘之車相隨從]積粟萬鍾[俸祿多也]累絪而坐[重席而坐]列鼎而食[羅列鼎俎而食]願欲食藜藿為親負米不可復得也枯魚銜索幾何不蠹[言不可復

生也二親之壽忽若過隙孔子曰由也事親可謂生事盡力死事盡思者也生則能盡其力死則能盡其思

孔子之郯郯國名少昊之後魯之郯縣也郯子達禮孔子故往諮問焉遭程子於途傾蓋傾蓋駐車而語終日甚相親顧謂子路曰取束帛五匹曰束以贈先生贈送道也子路屑然屑然恭貌對曰由聞之士不中間見中間謂紹介也女嫁無媒君子不以交禮也有間又顧謂子路子路又對如初孔子曰由詩不云乎有美一人清揚宛兮邂逅相遇清視清明揚眉上廣宛美也不期而會曰邂逅也適我願兮今程子天下賢士也於斯不贈則終身弗能見也小子行之

孔子自衛反魯，息駕於河梁（河水有石絕處石梁，非謂河有梁也）而觀焉。有懸水三十仞（八尺曰仞），圜流九十里（水深急則其流回圜），魚鼈不能道（行也），黿鼉不能居。有一丈夫方將厲之（以衣涉水曰厲，又度也）。孔子使人竝（近也）涯止之曰：此懸水三十仞，圜流九十里，魚鼈黿鼉不能居也，意者難可濟也。丈夫不以措意（措一字兩義，此著也，後置也），遂度而出。孔子問之曰：子巧乎？有道術乎？所以能入而出者何也？丈夫對曰：始吾之入也，先以忠信；及吾之出也，又從以忠信。措吾軀於波流，而吾不敢以用私，所以能入而復出也。孔子謂弟子曰：二三子識之，水且猶可以忠信成身（成身成其

身也親之而況於人乎

孔子將行雨而無蓋門人曰商也有之子夏名商孔子曰商之為人也甚恡吝同於財吾聞與人交推其長者違其短者故能久也

楚王渡江江中有物大如斗圓而赤直觸王舟舟人取之取之以上楚王也王大怪之遍問群臣莫之能識王使使聘於魯問孔子孔子曰此所謂萍實者也此萍草之實也可剖而食之吉祥也吉祥之兆唯伯者為能獲焉使者反王遂食之大美久之使來以告魯大夫大夫因子游問曰夫子何以知其然乎曰吾昔之鄭過乎陳之野聞童

謡曰楚王渡江得萍實大如斗赤如日剖而食之甜如蜜然此楚王之應也吾是以知之

子貢問於孔子曰死者有知乎將無知也子曰吾欲言死之有知將恐孝子順孫妨生以送死吾欲言死之無知將恐不孝之子弃其親而不葬賜欲知死者有知與無知非今之急後自知之

子貢問治民於孔子子曰懍懍焉若持腐索之扞馬（懍懍危懼貌扞馬突馬也）子貢曰何其畏也孔子曰夫通達之御（一作屬）皆人也以道導之則吾畜也不以道導之則吾讎也如之何其無畏也

魯國之法魯人有贖臣妾於諸侯者皆取金於府子貢贖人於諸侯而還其金孔子聞之曰賜失之矣夫聖人之舉事也可以移風易俗而教導可以施於百姓非獨適身之行也今魯國富者寡而貧者衆贖人受金則為不廉則何以相贖乎自今以後魯人不復贖人於諸侯贖貿貨也

子路治蒲為邑宰請見於孔子曰由願受教於夫子由也願聽受夫子治蒲之教誨子曰蒲其如何言蒲邑風俗如何對曰邑多壯士又難治也子路言蒲人皆壯強難其為治也子曰然吾語爾恭而敬可以攝勇已能恭敬則可以攝服其強勇寬而正可以懷強行寬心好

正道可以懷柔其強暴愛而恕可以容困能愛恕可以容其困之溫而斷可以抑奸和溫而能斷可以沮抑其奸邪如此而加之則正正治也不難矣

三恕第九

孔子曰：君子有三恕。恕者反己之謂有君不能事，有臣而求其使，非恕也；有親不能孝，有子而求其報，非恕也；有兄不能敬，有弟而求其順，非恕也。士能明於三恕之本，則可謂端身矣。端身正己也己正而正人不為過矣

孔子曰：君子有三思，不可不察也。少而不學，長無能也；老而不教，死莫之思也；有而不施，窮莫之救也。故

君子少思其長則務學，老思其死則務教，有思其窮則務施。

伯常騫問於孔子曰：騫固周國之賤吏也，不自以不肖，將北面以事君子。敢問正道宜行，不容於世，正道宜行而世莫之能貴，故行之則有所不容。隱道宜行，然亦不忍。世亂則隱，然以道為行者亦不忍為隱事。今欲身亦不窮，謂能容也。道亦不隱，為之有道乎？孔子曰：善哉，子之問也。自丘之聞，未有若吾子所問辯且說也。辯當其理，得其說也。丘嘗聞君子之言道矣，聽者無察則道不入，聽者不明察，則其道不能入。奇偉不稽則道不信。聽者不能考校其奇偉不群，則道不見信。言苟非其人，道不虛行。又嘗聞君子之言事矣制無度量則事不成其政曉察則民不保政太曉了分察則民不能安矣又嘗聞君子之言志矣剛折不終剛則折矣不終其性命徑易者則數傷徑輕也志輕則數傷於義浩倨者則不親浩倨簡畧不恭之貌如是則人不親矣就利者則無不敝言好利者必不可久又嘗聞養世之君子矣從輕勿為先從重勿為後赴憂患從勞苦輕者宜為後重者宜為先不適已自便也見像而勿強像法也見法而已不以強世也陳道而勿怫怫詭也陳道而已不與世相詭違也此四者丘之所聞也

孔子觀於魯桓公之廟有欹器焉傾欹易覆之器韓詩外說苑云觀於周廟有欹器焉太平御覽引家語亦然晉杜預博云周廟欹器至漢東京猶在御座當以周廟為是夫子問於守廟者曰此謂何器對曰此蓋為宥坐之器

宥與右同言可置於座右也說苑作座右或曰宥與侑同勸也淮南子作宥卮文子曰三皇五帝有勸戒之器名宥卮也孔子曰吾聞宥坐之器虛則欹中則正滿則覆明君以為至誠以戒滿也故常置於座側顧謂弟子曰試注水焉說苑孔子使子路取水而試之乃注之水韓詩并說苑孔子曰吾聞右坐之器滿則覆虛則欹中則正有之乎對曰然孔子使子路取水而試之中則正滿則覆夫子喟然歎曰嗚呼夫物惡有滿而不覆者哉子路進曰敢問持滿有道乎孔子曰持滿之道挹而損之子路曰損之有道乎孔子曰聰明睿智守之以愚功被天下守之以讓勇力振世振動也守之以怯富有四海守之以讓此所謂損之又損之之道也

孔子觀於東流之水子貢問曰君子所見大水必觀焉何也孔子對曰以其不息且徧與諸生（諸生謂萬物也）而不為也（物得水而後生水不與能而又不德）夫水有似乎德其流也則卑下倨拘必循其理（卑一作埤增也倨一作裾方也拘鉤同曲也言水益卑而或方或曲必循其理也○裾居御切拘居候切）此似義浩浩乎無屈盡之期此似道流行赴百仞之嵠而不懼此似勇至量必平之此似法盛而不求概（概平斛木也言水盈而不概自平也）此似正綽約（綽作婥柔弱也）微達此似察發源必東此似志以出以入萬物就以化絜（絜與潔同易曰言萬物之潔齊也潔齊謂物之洗潔而盡出也）此似善化也水之德有若此是故君子見必觀焉

子貢觀於魯廟之北堂，出而問於孔子曰：「向也賜觀於太廟之堂，未既輟，還瞻北蓋，皆斷焉。（既，盡也。輟，止也。○蓋，胡閤切，扇戶也。觀北面之蓋皆斷也。）彼將有說焉？匠之過也？」孔子曰：「太廟之堂，官致良工之匠，匠致良材，盡其工巧，蓋貴久矣。（貴文也。荀子曰：因麗節文也。）尚有說也。」（尚猶必也，言必有說。）

孔子曰：「吾有所耻，有所鄙，有所殆。（殆，危也。）夫幼而不能強學，老而無以教，吾耻之；去其鄉，事君而達，卒遇故人，曾無舊言，吾鄙之；（事君而達，得志而見故人，曾無舊言，是弃其素交而無進之之心也。）者與小人處而不能親賢，吾殆也。」（疏賢而近小人，危亡之道也。）

子路見於孔子，孔子曰：「智者若何？仁者若何？」子路對曰智者使人知己仁者使人愛己子曰可謂士矣子路出子貢入問亦如之子貢對曰智者知人仁者愛人子曰可謂士矣子貢出顔回入問亦如之顔回對曰智者自知仁者自愛子曰可謂士君子矣

魯哀公問於孔子曰子從父命孝乎臣從君命貞乎三問孔子不對不然違哀公之意故不對孔子趨出以語子貢曰鄉者鄉作向君問丘曰子從父命孝乎臣從君命貞乎三問而丘不對賜以為何如子貢曰子從父命孝矣臣從君命貞矣奚疑焉荀作夫子有奚對焉孔子曰鄙哉賜汝不識也昔者明王萬乘之國有爭臣七人爭讀作諍天子有三

（公四輔）則主無過舉千乘之國有爭臣五人（諸侯有三卿內外史）則社稷不危百乘之家有爭臣三人（大夫有家相室老邑宰）則祿位不替父有爭子不陷無禮士有爭友不行不義（士雖有臣既微且陋不能以義匡其上故須朋友之諫諍然後不行不義之事矣）故子從父命奚詎為孝（子順父命豈可以詎得謂之孝乎哉）臣從君命奚詎為貞（臣順君命豈詎得為貞）夫能審其所從（詳審其所從之宜與不宜）之謂孝之謂貞矣

子路盛服見於孔子子曰由是倨倨（倨倨與裾裾同言其服盛而氣傲也）者何也夫江始出於岷山其源可以濫觴（按韓詩外傳為不足濫觴言其微也）及其至於江津不舫舟不避風則不可以涉

非惟下流水多耶（下流水多皆使人畏服盛氣盈則衆畏之）今爾衣服既盛顏色充盈天下且孰肯以非告汝乎子路趨而出改服而入蓋自若也子曰由志之吾告汝奮於言者華（自矜於言者華而無實）奮於行者伐（自矜於行者自伐其功）夫色智而有能者（知見於色自有其能）小人也故君子知之曰知言之要也不能曰不能行之至也言要則智行至則仁既仁且智惡不足哉

子路問於孔子曰有人於此披褐而懷玉何如（褐賤者服）子曰國無道隱之可也國有道則袞冕而執玉（袞冕文衣盛飾也）

好生第十

魯哀公問於孔子曰昔者舜冠何冠乎孔子不對公曰寡人有問於子而子無言何也對曰以君之問不先其大者故方思所以為對公曰其大何乎孔子曰舜之為君也其政好生而惡殺（其為政事好生惡殺也）其任授賢而替不肖（用人則取其賢者而不肖則不用之也）德若天地而靜虛（德之大如天地也）化若四時而變物也（化民四時如之變化萬物）是以四海承風暢於異類（天下咸奉承其風教以及於夷狄皆仰舜德）鳳翔麟至鳥獸馴德（言禽獸皆順其德）無他也好生故也（知人無害之之心也）君舍此道而冠冕是問是以緩對

孔子讀史至楚復陳陳夏徵舒殺其君楚莊王討之因縣陳而取之申叔時諫楚莊王從之還復陳喟然歎曰賢哉楚王輕千乘之國而重一言之信匪申叔之信不能達其義匪楚莊王之賢不能受其訓

孔子嘗自筮其卦得賁焉愀然有不平之狀子張進曰師聞卜者得賁卦吉也而夫子之色有不平何也孔子對曰以其離耶在周易山下有火謂之賁離下艮上為賁非正色之卦也夫質也黑白宜正焉今得賁非吾之兆也以其飾也吾聞丹漆不文白玉不琱何也質有餘不受飾故也

嘗他作常

孔子曰：吾於甘棠見宗廟之敬也甚矣（召伯聽訟於棠樹之下，民作甘棠之詩）。思其人必愛其樹，尊其人必敬其位，道也。

子路戎服見於孔子，拔劍而舞之，曰：古之君子固以劍自衛乎（子路言古人必以劍自護其一身也）？孔子曰：古之君子忠以為質，仁以為衛（古之君子以忠處民，以仁護身），不出環堵之室而知千里之外（居身環堵之中而知千里外事），有不善則以忠化之（人有不善者，我則以忠道化之），侵暴則以仁固之（有侵犯悖逆我，則以仁道固結之），何待劍乎（何必以劍自衛乎）？子路曰：由乃今聞此言，請攝齊以受教（齊，裳下緝也。受教者攝齊升堂。由，勇人也，聞夫子之言即願受教，聖道感之也）。

楚恭王出遊，亡烏皞之弓（恭王出遊而失其弓。烏皞，良弓之名），左右請求之左右請搜求之王曰已之王曰舍之楚王失弓楚人得之又何求之楚王失其弓而楚人得之又何以求孔子聞之曰惜乎其不大也夫子聞楚王之言曰惜乎其度量不廣大也不曰人遺弓人得之而已何必楚也但言人失弓人得之而已足矣一何用其言楚也

孔子為魯司寇斷獄訟皆進衆議者而問之曰子以為奚若其以為何若皆曰云云如是然後夫子曰當從其子幾是近也重獄事故與衆議之

孔子問漆雕憑曰子事臧文仲武仲及孺子容此三大夫孰賢對曰臧氏家有守龜焉名曰蔡文仲三秊為一兆武仲三秊為二兆孺子容三秊為三兆憑從

此見之若問三人之賢與不賢所未敢識也孔子曰君子哉漆雕氏之子其言人之美也隱而顯言人之過也微而著智而不能及明而不能見孰克如此克能也而宜為如按說苑憑作馬人孰克如此此王註屬憑說苑作故智不能及明不能見得無數十乎盖指三大夫也良是

魯公索氏將祭而亡其牲孔子聞之曰公索氏不及二秊將亡後一秊而亡門人問曰昔公索氏亡其祭牲而夫子曰不及二秊必亡今過朞而亡夫子何以知其然孔子曰夫祭者孝子所以自盡於其親將祭而亡其牲則其餘所亡者多矣若此而不亡未之有

也

虞芮二國（虞在河東大陽縣，芮在馮翊臨晉縣）爭田而訟，連年不決，乃相謂曰：「西伯，仁人也（西伯仁人，即周文王也），盍往質之？（何不往彼質正）」入其境（既至西伯疆界），則耕者讓畔（農夫相讓如此），行者讓路（行路之人相遜而行也）；入其朝，士讓為大夫（士遜大夫為尊），大夫讓于卿（言相遜也）。虞芮之君曰：「嘻（二國之君嘆曰）！吾儕小人也，不可以入君子之朝（不可入君子之國）。」遂自相與而退（二國相退），咸以所爭之田為閑田矣。孔子曰：「以此觀之，文王之道，其不可加焉（文王之道無以加矣）。不令而從，不教而聽，至矣哉（言其不施號令而民自從，不施教誨而民自聽，可謂至矣）！」

曾子曰狎甚則相簡莊甚則不親是故君子之狎足以交歡其莊足以成禮孔子聞斯言也曰二三子識之孰謂參也不知禮乎

哀公問曰紳委章甫紳大帶委端委禮衣也章甫冠名也有益於仁乎孔子作色而對曰君胡然焉胡何也哀蔴苴杖者志不存乎樂非耳弗聞服使然也黼黻衮冕者容不褻慢非性矜莊服使然也介冑執戈者無退懦之氣非體純猛服使然也且臣聞之好肆不守折言市弗能為廉也而長者不為市言為長者之行則不能為市賈之事竊竊宜為察夫有益與無益君子所以知

孔子謂子路曰見長者而不盡其辭雖有風雨吾不能入其門矣故君子以其所能敬人小人反是

孔子謂子路曰君子以心導耳目立義以為勇小人以耳目導心不愻以為勇故曰退之而不怨先之斯可從已二句疑有闕誤王曰言人退之而不怨先之則可從況以為師也

孔子曰君子有三患未之聞患不得聞既得聞之患弗得學既得學之患弗能行有其德而無其言君子耻之有其言而無其行君子耻之既得之而又失之君子耻之地有餘而民不足君子耻之衆寡均而人功倍己焉君子耻之業與人同而功與人異故君子耻其不及也

魯人有獨處室者魯國有男子獨居於室者隣之嫠婦嫠寡婦也亦獨處一室隣之寡婦亦處一室夜暴風雨至嫠婦之室壞室為風雨所損趨而托焉趨男子之室托避風雨魯人閉戶而不納男子閉戶不與寡婦入嫠婦自牖與之言寡婦隔窗與男子言子何不仁而不納我乎汝何為不仁而不納我乎魯人曰吾聞男女不六十不同居言男女不六十餘歲不可居處同也今子幼吾亦幼是以不納爾也今汝尚少我亦少是以不敢容汝進也婦人曰子何不如柳下惠然嫗以體覆之曰嫗不建門不建門名之女柳下惠事見他書今此不必具載魯人曰柳下惠則可言柳下惠有德則自然可也吾固不可在我實與不可吾將以吾之不可學柳下惠之可我將以我之不可為學柳下惠之可為觀此則見其有守

非他人可比今世人有踰墻相從鑽穴相窺者矣尚何望其婦之趨托而不容入乎然其有見於此其不汗顏者亦幾希矣此非小事乃克己復禮之端自古賢人自這裏做工夫其可忽乎學生察焉可也孔子聞之曰善哉欲學柳下惠者未有似於此者凡欲學柳下惠之人未有若魯之男子者也期於至善而不襲其為心期造至善之地不習他人也可謂智乎不可謂明哲之人

孔子曰小辨害義言小人口辨害正義小言破道言小人言語破碎大道關雎興于鳥而君子美之關雎取鳥以興君子美其詩取其雌雄之有別取其匹偶有分別鹿鳴興于獸而君子大之鹿鳴篇以獸取興而君子亦大其詩其得取食而相呼取鹿相呼喚而食之意若以鳥獸之名嫌之固不可行也如嫌鳥獸之名而不取其義固不可與言詩矣觀此則小

言之言宜作嬿

孔子謂子路曰君子而強氣則不得其死小人而強氣則刑戮荐臻豳詩曰殆天之未陰雨徹彼桑土綢繆牖戸鴟鴞之詩以鳥之為巢喻我國家積累之功乃難成之若是今女下民或敢侮予今者周公時言我先王致此大功至艱而下民敢侵侮我周道謂管蔡之屬不可遏絕之以存周室也孔子曰能治國家如此雖欲侮之其可得乎周自后稷積功累行以有爵土公劉重之以仁及至大王亶父敦以德讓其樹根置本備豫遠矣初大王都豳狄人侵之事之以皮幣不得免焉事之以珠玉不得免焉於是屬耆老而告曰狄人之所欲吾土地

吾聞之君子不以所養人者害人二三子何患乎無君遂獨與太姜去之踰梁山邑於岐山之下豳人曰仁人之君不可失也從之如歸市焉天之與周民之去殷久矣若此而不能天下未之有也武庚惡能侮能一作其武庚紂子邶邶步名祿與管蔡共為亂北昧切詩曰執轡如組兩驂如舞驂之以服和調中節蓋驂馬在外服馬在中也孔子曰為此詩者其知政乎言御法得則馬和政道得則民和也夫為組者總紕於此成文於彼轡馬韁也組經緯也紕織也飾也○紕毗意切言其動於近行於遠也執此法以御民豈不化乎邶為紂都故引以喻周之善御民也竿旄之忠告至矣哉干旄之詩樂乎善道告人取喻於車之竿旄飾以素紕良馬如組紕之義引之以明紂之

不樂善道也

孔子讀詩于正月六章小雅之篇第六章惕然如懼曰彼不達之君子豈不殆哉從上依世則道廢違上離俗則身危時不興善已獨由之則曰非妖即妄也故賢者既不遇天時也恐不終其命焉桀殺龍逢紂殺比干皆是類也詩曰謂天蓋高不敢不局謂地蓋厚不敢不蹐此正月六章之辭也局曲也言天至高已不敢不曲身危行恐上干諱忌也蹐累足也言地至厚已不敢不累足恐陷在位之羅網也累足重足也此言上下畏罪無所自容也

家諸以ᄾ諸本考之以從其宜

丙辰三月

祭酒林信充加朱

孔聖家語圖卷之四

武林後學吳嘉謨集校

觀周第十一

孔子謂南宮敬叔（名說孟僖子之仲子）曰吾聞老聃（姓李名耳字伯陽謚曰聃在周為[illegible]藏史）博古知今通禮樂之原明道德之歸則吾師也今將往矣對曰謹受命遂言於魯君（昭公也）曰臣受先臣之命（先臣謂僖子也）云孔子聖人之後也（聖人謂殷湯也）滅於宋（孔子之先去宋奔魯故曰滅於宋也）其祖弗父何始有國而授厲公（弗父何僖公世子厲公兄也讓國以授厲公春秋傳曰以有宋授厲公始有國謂始有宋也）及正考父佐戴武宣（戴武宣三公也）三命茲益恭（初命考父為士再命

為大夫三命為卿故其鼎銘曰臣有功德君命銘之於宗廟之鼎也一命而僂

再命而傴三命而俯傴恭於僂俯恭於傴循牆而走言恭益甚也亦

莫余敢侮余我也我者父也以其恭如此故人莫之侮也饘於是鬻於是以

餬其口饘糜也為糜鬻於此鼎言儉之至也其恭儉也若此臧孫紇有

言聖人之後若不當世武仲謂弗父何殷湯之後而不繼世為宋君則必

有明君而達者焉孔子少而好禮其將在矣將在孔子屬

臣曰女必師之今孔子將適周觀先王之遺制考禮

樂之所極斯大業也君盍以乘資之臣請與往公曰

諾與孔子車一乘馬二疋豎子侍御與敬叔俱至周

敬叔與夫子同至周問禮於老聃見老子問古之禮訪樂於萇弘見周大夫

問之以樂歷郊社之所過郊祀社祭之處考明堂之則考究明堂之法則

察廟朝之度審宗廟朝廷之法度於是喟然曰吾乃今知周公

之聖與周之所以王也我今乃知周公之聖德及周家之所以興王也及去

周及離去周京也老子送之曰吾聞富貴者送人以財仁者

送人以言吾雖不能富貴而竊仁者之號請送子以

言乎凡當今之士聰明深察而近於死者此今之人聰明深察

而反近於死者無他也好譏議人者也博辯閎達而危其身好

發人之惡者也無以有己為人子者無以惡己為人臣者孔子

曰敬奉教自周反魯道彌尊矣遠方弟子之進蓋三千焉

孔子觀乎明堂覩四門墉夫子觀周明堂及四門之墻有堯舜之

容桀紂之象見堯舜桀紂之畫象也而各有善惡之狀興廢之誡焉堯舜為善則興桀紂為惡則廢其形狀可以為鑒戒文有周公相成王抱之負斧扆南面以朝諸侯之圖焉孔子徘徊而望之謂從者曰此周之所以盛也夫明鏡所以察形往古所以知今人主不務襲跡於其所以安存而忽怠所以危亡未有異於郤步而求及前人也豈不惑哉

孔子觀周遂入太祖后稷之廟堂右階之前有金人焉參參三也倉含切緘其口三重封其口而銘其背曰古之慎言人也戒之哉無多言多言多敗無多事多事多患安樂必戒雖處安樂必警戒也無所行悔所悔之事不可復行勿謂何傷其

禍將長。勿謂何害。其禍將大。勿謂不聞。神將伺人。（莫言無所聞知神明已窺伺人）焰焰不滅。炎炎若何。（如火方焰焰而小若不滅及炎炎而至則將如何）涓涓不壅。終為江河。（如水涓涓細流若不壅之終成江河）綿綿不絕。或成網羅。毫末不札。將尋斧柯。（如木毫末之小若不拔去將用斧柯而斫）誠能慎之。福之根也。（誠能謹戒是為福之根本）口是何傷。禍之門也。（口過毋謂無害乃禍之門也）強梁者不得其死。好勝者必遇其敵。盜憎主人。民怨其上。君子知天下之不可上也。故下之。（君子則知天下之人不可居其上故謙以下之）知眾人之不可先也。故後之。（知眾人之多不可居其先故謙已後人）溫恭慎德。使人慕之。執雌持下。人莫踰之。人皆趣彼。我獨守此。人皆惑之我獨不從（惑之東西，轉移之貌）內藏我智不示人技我雖尊高人弗我害誰能如此江海雖左長於百川以其卑也（水以右為尊，江海雖在於左，亦能為百川長，以其能下故也）天道無親而能下人（上天之道雖無親，然其因亦能下人也）戒之哉（言當以此為鑒戒也）孔子既讀斯文也（夫子讀銘既畢）顧謂弟子曰小子識之此言實而中情而信（其言朴實而有理，近情而可信，不比他文之無益也）詩云戰戰兢兢如臨深淵如履薄冰（戒謹恐墜陷也）行身如此豈以口過患哉

孔子見老聃而問曰甚矣道之於今難行也吾比執道而今委質以求當世之君而弗受也道於今難行也老子曰夫說者流於辯（流猶過也）聽者亂於辭（辭一作失）如

如一作知此二者則道不可以忘也忘字亦似有誤

弟子行第十二夫子弟子升堂入室者七十餘人故以名篇

衛將軍文子將軍衛卿名也文子彌牟問於子貢曰吾聞孔子之施教也先之以詩書而道之以孝悌說之以仁義觀之以禮樂然後成之以文德蓋入室升堂者七十有餘人造道之多者凡七十二人其孰為賢子貢對以不知文子曰以吾子常與學賢者也何為不知子貢對曰賢人無妄謂賢人之舉動不妄知賢即難故君子之言曰知莫難於知人是以難對也文子曰若夫知賢莫不難今吾子親遊焉是以敢問子貢曰夫子之門人蓋有三千就焉

賜有逮及焉未逮及焉故不得徧知以告也文子曰吾子之所及者請問其行子貢對曰夫能夙興夜寐諷詩崇禮行不貳過貳再也有不善未嘗不知知之未嘗復行稱言不苟舉言有不苟且是顏回之行也孔子說之以詩曰媚茲一人應侯慎德一人天子也應當也侯惟也言顏淵之德足以媚愛天子當於其心惟以慎德也此大雅下武之辭也與今詩註不類後放此永言孝思孝思惟則言惟能長是孝道足以為世法則也若逢有德之君世受顯命不失厥名以御於天子則王者之相也

在貧如客不以貧累志如在客也使其臣如借言不有臣如借使也不遷怒不深怨不錄舊非不遷怒於人不深怨於人亦不記人已之過失是冉雍

之行也孔子論其材曰有土之君子也有衆使也有刑用也然後稱怒焉（子疑衍文言冉雍非有土之君故使其臣如借而不加怒也）孔子告之以詩曰靡不有初鮮克有終（此大雅蕩之辭也本謂人君疾威其下而言天之生人初無不善而不以善自終而為疾疾虐也此與冉雍不怒之意次配故孔子以是告之）匹夫不怒惟以亡其身（此即上文所引疾威之意匹夫無土之人也惟思也所以不怒者思亡其身之禍也）

不畏強禦不侮矜寡（矜與鰥同）其言循性（率性而言不侮其情也）其都以富（仲由長於政事）材任治戎（其材可以治軍旅）是仲由之行也（仲由之行如此）孔子和之以文說之以詩曰受小拱大拱而為下國駿龐荷天子之龍不戁不悚敷奏其勇（此商頌長

駿之詩也拱共同法也駿大也厖厚也戁恐也悚懼也敷陳也奏薦也龍和也此孔子和仲由以文之義言受大小法為下國大厚乃可任天下道而不恐不懼以敷奏其勇斯為和之以文也○拱居勇切厖莫江切龍丑勇切強乎武哉文不勝質文不勝其勇恭老卹幼不忘賓旅賓旅謂寄客也敬老慈幼雖在於賓亦不忘也好學博藝省物而勤也勤於六藝之文不倦其力以求其義也是冉求之行也孔子語之曰好學則知勤學則可謂明哲故也卹孤則惠閔卹孤者則可謂之惠也恭則近禮恭敬則近乎禮勤則有繼勤則常不間絕堯舜篤恭以王天下其稱之曰宜為國老國老助宣德教者也齊莊而能肅志通好禮擯相兩君之事篤雅有節是公西赤之行也子曰經禮三百可勉能也經禮一作禮經威

儀三千則難也言經禮三百可勉學而能之威儀三千則難而公西赤能躬行之公西赤問曰何謂也子曰貌以擯禮禮以擯辭是謂難焉擯道也言為相者當觀容貌而擯相其禮度其禮而擯相其辭度事制儀故難能之也衆人聞之以為成也孔子語人曰當賓客之事則達矣成猶成人之成以孔子稱赤能三千之儀故遂以為成也故孔子曉之曰當擯相之儀則達矣言於治國之大體則達也未謂門人曰二三子之欲學賓客之禮者其於赤也

滿而不盈能持滿而不盈也實而如虛雖飽於實理而若常虛過之如不及作事雖已是猶如未是不自足也先王難之博無不學其貌恭言其容貌則恭敬而不怠惰也其德敦在心之德敦篤也其言於人也無所

不信其驕大人也常以浩浩大人富貴者也浩浩廣大自得之貌是以眉壽不慕富貴靜虛自得所以為壽也是曾參之行也孔子曰孝德之始也悌德之序也言其孝者德之本始弟者德之次第也信德之厚也忠德之正也信者謹厚之德忠者正直之德也參中夫四德者也中之仲切以此稱之

美功不伐貴位不喜不以貴爵為樂不侮不佚侮佚貪功慕力之貌不傲無告不侮鰥寡孤獨之人也是顓孫師之行也孔子言之曰其不伐則猶可能也其不弊百姓則仁也弊與敝同不弊即不傲無告也詩云愷弟君子民之父母此大雅泂酌之辭也言師之不敝百姓故民皆親愛之如父母也夫子以其仁為大句學之深謂其仁而至於大學

而能入其深也

送迎必敬（待賓客能恭敬也）上交下接若截焉（上與人交下與人接截然各得其體）是上商之行也孔子說之以詩曰式夷式已無小人殆（式用也夷平也殆危也言用平則止無以小人至於危也）若商也其可謂不險矣（險危也言子夏能厲以斷之近小人斷不危也）

貴之不喜賤之不怒苟利於民廉於行已（廉薄也儉也言不自利也）其事上也以佑其下（言所以事上乃欲以佑助其下也）是澹臺滅明之行也孔子曰獨富獨貴君子恥之夫也中之矣（夫謂滅明中猶當也）

先成其慮及事而用之故動則不妄是言偃之行也孔

子曰欲能則學欲知則問欲善則詳（欲善其事當致其詳）欲給則豫（欲事給而不疑莫若豫而前定）當是而行偃也得之矣獨居思仁公言仁義其於詩也則一日三復白圭之玷（居言其存故止曰仁言有所裁故兼曰義詩大雅抑之篇一日三復愼之至也）是南宮縚之行也孔子信其能仁以爲異士（謂殊異之士大戴曰引之以爲異姓婚姻言以兄之子妻之也）自見孔子出入於戶未嘗越禮（一作越履）往來過之足不履影（言其往來常正故跡不履影也）啓蟄不殺（春分蟄蟲始振不殺所以養氣之生也）方長不折（春夏草木盛長不折所以養氣之通也）執親之喪未嘗見齒（記曰笑不見齒則非以言爲見齒也）是高柴之行也孔子曰柴於親喪

則難能也啓蟄不殺則順人道方長不折則恕人也人一作仁成湯恭而以恕是以日隮恭即順也成湯行恭順而能仁恕故能疾行下人之道其聖敬之德日升聞也孔子引之蓋言柴能行順恕之道也凡此諸子賜之所親覩者也吾子有命而訊賜賜也固不足以知賢文子曰吾聞之也國有道則賢人興焉中人用焉中庸之人為時所用乃百姓歸之若吾子之論既富茂矣壹諸侯之相也壹謂皆也抑末世未有明君所以不遇也子貢既與衛將軍文子言適魯見孔子曰衛將軍文子問二三子之行於賜不壹而三焉賜也辭不獲命以所見者對矣未知中否請以告孔子曰言之乎子貢以其

辭狀告孔子子聞而笑曰賜女次為知人矣言為知人之次子貢對曰賜也何敢知人此以賜之所覩也孔子曰然吾亦語女耳之所未聞目之所未見者豈思之所不至知之所未及哉子貢曰賜願得聞之孔子曰不克不忌不念舊怨蓋伯夷叔齊之行也伯夷姓墨名智字公達叔齊名允字公信夷齊謚也畏天而敬人服義而行信孝於父母恭於兄弟從善而教不道蓋趙文子之行也趙大夫名武其事君也不敢愛其死然亦不敢忘其身謀其身不遺其友君陳則進而用之陳謂陳列於君為君用也不陳則行而

退蓋隨武子之行也晋大夫士會食邑於隨

其爲人之淵源也多聞而難誕誕欺也內植植立也自足以

沒其世國家有道其言足以治無道其默足以容蓋

銅鞮伯華之行也銅鞮邑名伯華羊舌赤也銅鞮一曰宮名

外寬而內正自拯於隱括之中當作隱栝隱栝皆從木隱栝所以拯物也直

己而不直人汲汲於仁以善自終蓋蘧伯玉之行也衛大夫名瑗

孝恭慈仁允德圖義允信也圖謀也約貨去怨利者怨之所聚故約省貨利所以遠怨也輕財不匱匱竭也不竭人之財也蓋柳下惠之行也

其言曰君雖不量於其身謂不量度其臣之德器也臣不可以不

忠於其君是故君擇臣而任之臣亦擇君而事之有

道順命君有道則順從其命無道衡命衡橫也謂不受其命而隱居也蓋晏平仲之行也齊大夫名嬰蹈忠而行信終日言不在尤之内無口過也國無道處賤不悶貧而能樂蓋老子之行也易行以俟命易治也○行胡孟反居下不援其上援扳也不扳上以求進也○援于權切其親觀於四方也不忘其親不盡其樂雖有觀四方之樂常念其親不盡而歸也以不能則學不為己終身之憂不能即學既得則無憂矣何至終身蓋介子山之行也即介子推史作介山子然按晉世家晉文公即位求介子推不聞其入於綿上山中文公表其山而封之號曰介山子貢曰敢問夫子之所知者蓋盡於此而已乎孔子曰何謂其然亦畧

舉耳目之所及而已矣昔晉平公問祁奚晉大夫也羊舌大夫晉之良大夫也其行如何祁奚辭以不知公曰吾聞子少長乎其所於其所長今子掩之何也祁奚對曰其少也恭而順心有恥而不使其過宿有心過則速改不更宿也其為大夫也悉善而謙其端盡善道而謙是其正也其為輿尉也信而好直直正也其功至於其為容也溫良而好禮博聞而時出其志以時出之悔未及之是其志也公曰曩者問子子奚曰不知也祁奚曰每位改變未知所止是以不敢得知也此又羊舌大夫之行也子貢跪曰請退而記之

賢君第十三

哀公問於孔子曰當今之君孰為最賢孔子對曰丘未之見也抑有衛靈公乎公曰吾聞其閨門之內無別而子次之賢何也孔子曰臣語其朝廷行事不論其私家之際也公曰其事何如孔子對曰靈公之弟曰公子渠牟其智足以治千乘（其智足以治諸侯千乘之國）其信足以守之（其誠信能守國也）靈公愛而任之（公愛渠牟而任用之）又有士林國者見賢必進之（有國士曰林國者見有賢人則進於君而用之也）而退與分其祿（君而不用則分己俸與之）是以靈公無游放之士（當時國士無游放者）靈公賢而尊之（公以林國為賢而尊禮之）又有士曰慶足

者又有國士曰慶足者國有大事則必起而治之國無事則退而容賢靈公悅而敬之又有大夫史鰌衛大夫史鰌以道去衛有故而去國而靈公郊舍三日琴瑟不御必待史鰌之入而後敢入待史鰌反國而後歸也臣以此取之雖次之賢不亦可乎

子貢問於孔子曰今之人臣孰為賢今世人臣以何者賢為

子曰吾未識也往者齊有鮑叔鄭有子皮則賢者矣但往者齊國有鮑叔鄭國有子皮是賢人子貢曰齊無管仲鄭無子產乎子貢言管仲齊之賢臣子產鄭之賢臣意者當今之賢無出斯二人矣今曰鮑叔子皮二人而徒知其一未知其二已然則齊無管仲鄭無子產乎哉

子曰賜汝聞用力為賢乎進賢為賢乎夫子呼子貢名曰汝所聞是以用力於當時者為賢是以進賢於其君者為賢乎言此以語之

子貢曰進賢賢哉（言進賢為君者為賢也）子曰然吾聞鮑叔達管仲子皮達子產未聞二子之達賢己之才者也（未聞管仲子產能進人才之賢於己者也）

哀公問於孔子曰寡人聞忘之甚者徙而忘其妻有諸孔子曰此猶未甚者也甚者乃忘其身公曰可得聞乎孔子曰昔者夏桀貴為天子富有四海忘其聖祖之道壞其典法廢其世祀荒於淫樂躭湎於酒佞臣諂諛窺道其心忠士折口（杜口不言）逃罪不至天下誅桀而有其國此謂忘其身之甚矣

顏淵將西遊於宋問於孔子曰何以為身（為猶治也）子曰恭

敬忠信而已矣恭則遠於患敬則人愛之忠則和於衆信則人任之勤此四者勤行此四者可以正國以之正國可也豈特一身者哉豈但一身而已哉夫不比比親輔也於數親也而比於踈不亦遠乎不脩其中而脩外者不亦反乎慮不先定臨事而謀不亦晚乎

子路問於孔子曰賢君治國所先者何子曰在於尊賢而賤不肖子路曰由聞晉中行氏子路言由聞晉國有中行氏者也尊賢賤不肖矣其亡何也能尊賢賤不肖其國亦亡何也子曰中行氏尊賢而不能用賤不肖而不能去賢者知其不用而怨之不肖者知其必已賤而讎之怨讎

並存其國（怨仇之人皆在國中也）鄰敵構兵於郊中行氏雖欲無亡豈可得乎

孔子閒處喟然嘆曰嚮使銅鞮伯華無死（伯華魯之賢人也使其不死而見用）天下其有定矣子路曰由願聞其人也子曰其幼也敏而好學其壯也有勇而不屈其老也有道而能下人有此三者以定天下也何難乎哉子路曰幼而好學壯而有勇則可也若夫有道下人何哉子曰由女不知也吾聞以衆攻寡無不克也以貴下賤無不得也昔者周公居冢宰之尊制天下之政而猶下白屋之士（未受祿命之家）日見百七十人斯豈以無道也欲

得士之用也惡有有道而無下天下（一有士字）君子哉

齊景公來適魯舍於公館使晏嬰迎孔子孔子至景公問政焉孔子答曰政在節財公說又問曰秦穆公國小處僻而霸何也孔子曰其國雖小其志大其處雖僻而其政中其舉也果其謀也和法無私而令不愉（愉疑作渝變也一作偷苟且也）首拔五羖爵之大夫（首宜為身五羖大夫百里奚也）與語三日而授之以政以此取之雖王可其霸少矣景公曰善哉

哀公問政於孔子孔子對曰政之急者莫大乎使民富且壽也公曰為之柰何孔子曰省力役薄賦斂則

民富矣敦禮教遠罪疾則民壽矣公曰寡人欲行夫子之言公言寡人恐吾國貧矣孔子曰詩云愷悌君子民之父母詩大雅酌之篇愷大也悌長也君子德大且長則為民之父母矣未有子富而父母貧者也論語有若曰百姓足君孰與不足得此意矣

衛靈公問於孔子曰有語寡人有國家者計之於廟堂之上則政治矣何如孔子曰其可也愛人者則人愛之惡人者則人惡之知得之已者則知得之人所謂不出環堵之室而知天下者知反已之謂也

孔子見宋君君問孔子曰吾欲使長有國而列都得之國之列都皆得其道吾欲使民無惑吾欲使士竭力吾欲使

日月當時吾欲使聖人自來吾欲官府治理為之柰何孔子對曰千乘之君問丘者多矣而未有若主君之問問之悉也然主君所欲者盡可得也丘聞之鄰國相親則長有國君惠臣忠則列都得之不殺無辜無釋罪人則民不惑士益之祿則皆竭力尊天敬鬼則日月當時崇道貴德則聖人自來任能黜否則官府治理宋君曰善哉豈不然乎寡人不佞不足以致之也孔子曰此事非難唯欲行之云耳

辨政第十四

子貢問於孔子曰昔者齊君問政夫子曰政在節財

魯君問政，夫子曰政在諭臣；葉公問政，夫子曰政在悅近而來遠。三者之問一也，而夫子應之不同，然政在異端乎？〔豈為政之道在於多端乎〕子曰：各因其事也。〔夫子言皆各因其失而對不同〕齊君為國，奢乎臺榭，淫乎苑囿，〔多臺榭之華麗，溺苑囿之宴樂〕五官伎樂不懈於時，〔其倡官妓樂無一時少息〕一旦而賜人以千乘之家者三，〔一日賞大夫之官者三人，千乘者大夫之家也〕故曰政在節財。魯君有臣三人，〔孟孫、叔孫、季孫，所謂三人也〕內比周以愚其君，〔在內則結為黨與，黨愚惑其君〕外距諸侯之賓以蔽其明，〔在外則距諸侯之賓客以家蔽君之聰明〕故曰政在諭臣。夫荊之地廣而都狹，〔荊，葉公所治之地，其土地雖廣，其所都則狹〕民有離心，莫安其居，〔百姓有離散之心，不遑寧處者〕

也故曰政在悅近而來遠此三者所以為政殊矣詩不云乎喪亂蔑資莫惠我師此大雅板之辭也王曰蔑無也資財也師衆也言亂亡之政重富厚歛民無資財曾莫肯愛我衆也與今詩傳不同此傷奢侈不節以為亂者也又曰匪其止共惟王之卭此小雅巧言之辭也卭病也言讒人不能供職惟以為王之病而已也此傷姦臣蔽主以為亂者也又曰亂離瘼矣奚其適歸此小雅四月之辭也言離散成病而歸咎於禍亂者也此傷離散以為亂者也察此三者政之所欲豈同乎哉

孔子曰忠臣之諫君有五義焉一曰譎諫說苑作正諫王註曰正其事以譎諫其君與說苑合若譎者詭寄其辭納約自牖之義也二曰戇諫戇諫無文飾也信

三曰降諫（卑降其體所以諫也）四曰直諫（以直道而諫也）五曰諷諫（借事引援而諫也）唯度主以行之（唯在審度其君意向而後行之）吾從其諷諫乎（諷諫則可遠罪避害者也）

子曰夫道不可不貴也中行文子倍道失義以亡其國而能禮賢以活其身（王曰此說倍失義不宜說得道之意而云禮賢與上不相次配又文子無禮賢之事○按左傳中行文子得罪於晋出奔朝歌從者曰謂此嗇夫若君子人也胡不休馬待後後車者文子曰吾好音此子遺吾琴好佩又遺我玉是以不振吾過自容於我者也吾恐其以我求容也遂不入後後車入門文子問嗇夫之所在執而殺之入朝歌孔子聞之曰文子倍道失義以亡其國然後得之以活其身）聖人轉禍為福此謂是與（若入將死以不入得活故曰轉禍為福也）

楚王將遊荆臺司馬子祺諫王怒之令尹子西賀於殿下諫曰荆臺之觀不可失也王喜拊子西之背曰與子共樂之矣子西步馬十里引轡而止曰臣願言有道王肯聽之乎王曰子其言之子西曰臣聞為人臣而忠其君者爵禄不足以賞也諛其君者刑罰不足以誅也夫子祺者忠臣也而臣者諛臣也願王賞忠而誅諛焉王曰今我聽司馬之諫是獨能禁我耳若後世遊之何子西曰禁後世易耳大王萬歲之後起山陵於荆臺之上則子孫必不忍遊於父母之墓以為歡樂也王曰善乃還孔子聞之曰至哉子西之

諫也入之於十里之上抑之於百世之後者也

子貢問於孔子曰夫子之於子產晏子可謂至矣夫子待二子愛敬之極也敢問二大夫之所自為夫子所以與之者孔子曰夫子產於民為惠主其治民可謂德惠之主於學為博物其為學乃博物物之君子晏子於君為忠臣其事君可謂忠直之臣而行為敬敏其所行恭敬而敏速故吾皆以兄事之而加愛敬焉

齊有一足之鳥飛集於公朝下止于殿前舒翅而跳齊侯大怪之齊君大以為異不知為何物也使使聘魯問孔子孔子曰此鳥名商羊水祥也商羊鳥名上有水災昔童兒有屈一脚振肩而跳昔有小兒屈其一足振動兩肩而跳躍此水災之兆且謠曰天將大

雨商羊鼓舞其歌曰天將有大雨以商羊出而鼓舞今齊有之其應至矣今齊國有此鳥童謠之言應矣急告民趨治溝渠修隄防將有大水為災頃之大霖雨水溢泛俄而果有大雨水溢而泛諸國傷害人民他國皆為洪水傷害人民也唯齊有備不敗惟齊國之防備故不為害也景公曰聖人之言信而有徵矣

孔子謂宓子賤曰子治單父魯邑衆悅子何施而得之也子語丘所以為之者對曰不齊子賤名之治也父恤其子其子恤諸孤而哀喪紀孔子曰善小節也小民附矣猶未足也曰不齊所父事者三人所兄事者五人所友事者十一人孔子曰父事三人可以教孝矣

凡事者五人，可以教悌矣；友事十一人，可以舉善矣；中節也，中人附矣，猶未足也。曰：此地民有賢於不齊者五人，不齊事之而禀度焉，皆教不齊所以治人之術也。孔子嘆曰：其大者乃於此乎有矣。昔堯舜聽天下，務求賢以自輔（專務賢人以輔佐），夫賢者百福之宗也（賢人為百福之所宗），神明之主也（神明之所宗）。惜乎不齊之以所治者小也。

子貢為信陽宰（子貢為信陽邑宰），將行，辭於孔子。孔子曰：勤之慎之，奉天子之時，無奪無伐，無暴無盜。子貢曰：賜也少而事君子，豈以盜為累哉？孔子曰：女未之詳也。

夫以賢代賢是謂之奪（言不必代而代之也）以不肖代賢是謂之伐（言不足代而自賢也）緩令急誅是謂之暴取善自與是謂之盜盜非竊財之謂也吾聞之（此下疑申前勤慎奉時之義）知為吏者奉法以利民不知為吏者枉法以侵民此怨之所由生也治民莫若平臨財莫如廉（財利莫如清廉）廉平之守不可改也匿人之善斯為蔽賢揚人之惡斯為小人內不相訓而外相謗非親睦也言人之善若己有之（彼人有善如其自有善也）言人之惡若己受之故君子無所不慎焉（是以君子之人無所不用其敬）

子路治蒲三年（子路為蒲邑宰三年之久）孔子過之（過蒲邑）入其境

曰善哉由也恭敬以信矣入其邑曰善哉由也忠信而寬矣（能忠信而寬和）至其庭曰善哉由也明察以斷矣子貢執轡而問曰夫子未見由之政而三稱其善其善可得聞乎孔子曰吾見其政矣入其境田疇盡易草萊甚辟溝洫深治此其恭敬以信（此子路恭敬以信）故其民盡力也入其邑墻屋完固樹木甚茂此其忠信以寬故其民不偷也至其庭庭甚清閑（公庭清閑無事）諸下用命此其明察以斷故其政不擾也以此觀之雖三稱其善庸盡其美乎（雖三次稱美其善不足以盡其美也）

孔聖家語圖卷之四

孔聖家語圖卷之五

武林後學吳嘉謨集校

六本第十五

孔子曰：行己有六本焉，本立然後為君子也。論語君子務本本立而道生易正其本萬事理立身有義矣而孝為本孝百行之首喪紀有禮矣而哀為本喪與其易也寧戚戰陣有列矣而勇為本後之發先之至治政有理矣而農為本君以民為天民以食為天居國有道矣而嗣為本太子天下之本也本搖則國隨之生財有時矣而力為本生財有大道在為之者疾置本不固置立也無務豐末豐培大也使本不固末雖豐而必覆大學所謂其本亂而末治者否矣親戚不悅無務外交失自薄矣外交何為其所厚者薄而其所薄者厚未之有也事不終始無務多業記聞而言無務多說但記所聞而言不出記中故不務多說也又說苑曰聞記不善無務多談比近不安無務求一作脩遠是故反本脩邇君子之道也

孔子曰良藥苦口而利於病忠言逆耳而利於行湯武以諤諤而昌商湯周武由聽蹇諤言故昌盛桀紂以唯唯而亡夏桀殷紂其臣順意惟唯唯故亡其國君無爭臣父無爭子兄無爭弟士無爭友無其過者未之有也君父兄士若均無諫爭之人欲自少其過失者未有也故曰君失之臣得之父失之子得之兄失之弟得之己失之友得之是以國無危亡之兆家無悖亂

之惡國不至於危亡家不至於悖逆父子兄弟無失而交友無絶也父子兄弟俱無過失朋友亦無棄絶矣

孔子見齊景公公說焉請置廩丘之邑以為養孔子辭而不受入為弟子曰吾聞君子當功受賞今吾言於齊君君未之行而賜吾邑其不知丘甚矣於是遂行

孔子在齊舍於外館景公造焉賓主之辭既接而左右白曰周使適至言先王廟災景公復問災何王之廟也孔子曰此必釐王之廟公曰何以知之孔子曰詩云皇皇上天其命不忒天之以善必報其德此逸詩也

皇皇光美也或差也禍亦如之夫釐王變文武之制而作玄黃
華麗之飾宮室崇峻輿馬奢侈而弗可振振救也故天
殃所宜加其廟焉以是占之爲然公曰天何不殃其
身而加罰其廟也孔子曰蓋以文武故也若殃其身
則文武之嗣無乃殄乎故當殃其廟以彰其過俄頃
左右報曰所災者釐王之廟也景公驚起再拜曰善
哉聖人之智過人遠矣

子夏三年之喪畢見於孔子孔子與之琴使之絃侃
侃和也而樂作而曰先王制禮不敢不及子夏蓋自知其哀之已盡
也子曰君子也閔子三年之喪畢見於孔子孔子與

之琴使之絃切切急迫而不和也而悲而曰先王制禮弗敢過也閔子自知其哀之未忘也子曰君子也子貢曰閔子哀未盡夫子曰君子也子夏哀已盡又曰君子也二者殊情而俱曰君子賜也惑敢問之孔子曰閔子哀未忘能斷之以禮子夏哀已盡能引之及禮雖均之君子不亦可乎

孔子曰無體之禮敬也無服之喪哀也無聲之樂歡也不言而信不動而威不施而仁志夫句鐘之音怒而擊之則武憂而擊之則悲其志變者聲亦隨之故志誠感之通於金石而況人乎

孔子見羅雀者所得皆黃口小雀夫子問之曰大雀獨不可得何也羅者曰大雀善驚而難得黃口貪食而易得黃口從大雀則不得大雀從黃口亦可得孔子顧謂弟子曰善驚以遠害利食而忘患自其心矣而以所從為禍福故君子慎所從以長者之慮則有全身之階隨小人之戇則有危亡之敗也

孔子讀易至於損益二卦名喟然而嘆子夏避席問曰夫子何嘆焉孔子曰夫自損者必自益自益者必有以決之易卦之序損次得益益次得夬夬者決也損而不已必益故受之以益益而不已必決故受之以決吾是以歎也子夏曰然則學者不可以益乎子

曰非句道益之謂也所以自損者求益其道也道彌益而身彌損德愈盛而心愈下也夫學者損其自多不自有也以虛受人虛如虛心之虛易成象辭故能成其滿愛人之益博哉天道成而必變成謂成物成而必變未嘗得久凡持滿而能久者未嘗有也持滿者不能虛受天下之善何以能久故曰自賢者天下之善言不得聞於耳矣昔堯居天下之位猶允恭以持之克讓以接下書帝堯允恭克讓允信也克能也是以千歲而益盛迄今而愈彰迄至也夏桀昆吾昆吾國名助桀為虐自滿而無極亢意而不節斬刈黎民如草芥焉天下討之如誅匹夫湯放桀併誅昆吾是以千載而惡著迄今而不成滿也是非損益之徵與日中則昃

月盈則食天地盈虛與時消息（上四句見易豐彖傳）是以聖人不敢當盛知行則讓長不疾先如在輿而遇三人則下之遇二人則式之（式車前可憑也）調其盈虛不令自滿所以能久也子夏曰商請志之而終身奉行焉

子路問於孔子曰請釋古之道而行由之意可乎子曰不可昔東夷之子慕諸夏之禮有女而寡為內私壻終身不嫁不嫁則不嫁矣亦非清節之義也蒼梧嬈娶妻而美讓與其兄讓則讓矣然非禮之讓也不慎其初而悔其後嗟何及矣（言事至而後悔吁嗟又何及矣）今女欲舍古之道行子之意庸知子意不以是為非以非為

是乎後雖欲悔難哉

曾子耘瓜誤斬其根曾皙怒建〇疑作揵舉也渠焉切大杖以擊其背曾子仆地而不知人久之有頃乃甦欣然而起進於曾皙曰嚮也參得罪於大人大人用力教參得無疾乎退而就房援琴而歌令曾皙聞之知其體康也孔子聞之而怒告門弟子曰參來勿內曾參自以為無罪使人請於孔子子曰女不聞乎昔瞽叟有子曰舜舜之事瞽叟欲使之未嘗不在於側索而殺之未嘗可得小捶則待過大杖則逃走故瞽叟不犯不父之罪而舜不失烝烝之孝今參事父委身以待

暴怒殪殪仆也於計切○而不避既已也身死而陷父於不義其不孝孰大焉女非天子之民耶殺天子之民其罪奚若曾參聞之曰參罪大矣遂造孔子而謝過

荆公子介子推也季十五而攝相事孔子聞之使人往觀其為政焉使者反曰視其朝清淨而少事其堂上有五老焉其堂下有二十壯士焉孔子曰合二十五人之智以治天下其固免矣況荆乎言不及於失也又說苑介子推云云廊下有二十五俊士堂上有二十五老人仲尼曰合兩二十五人之智云云況荆乎

子夏問於孔子曰顏回之為人奚若子曰回之信賢於丘曰子貢之為人奚若子曰賜之敏賢於丘曰子

路之為人奚若子曰由之勇賢於丘曰子張之為人奚若子曰師之莊賢於丘子夏避而問曰然則四子何為事先生子曰居吾語女夫回能信而不能反言不必信惟義所在也賜能敏而不能詘言人雖敏辯亦宜有屈折時也由能勇而不能怯師能莊而不能同言雖矜莊亦宜有和同時也兼四子者之有以易吾弗與也仲尼兼此四子者丘不為也此其所以事吾而弗貳也

孔子遊於泰山見榮聲期聲宜為啓或曰榮啓期也行乎郕之野鹿裘素琴瑟而歌新序作鼓琴而歌孔子問曰先生所以為樂者何也期對曰吾樂甚多而至者三天生萬物唯

信

人為貴。吾既得為人。是一樂也。男女之別。男尊女卑。故人以男為貴。吾既得為男。是二樂也。人生有不見日月。不免襁褓者。吾既以行年九十五矣。是三樂也。貧者士之常。死者人之終。處常得（得宜為待）終。當何憂哉。

孔子曰善哉。能自寬者也。

孔子曰回有君子之道四焉強於行義弱於受諫怵於待祿（怵怵惕也待宜為得）慎於治身史鰌有君子之道三焉不仕而敬上不祀而敬鬼直己而曲於人曾子侍曰參昔嘗聞夫子之三言而未之能行也夫子見人之一善而忘其百非是夫子之易事也見人之有善若

己有之是夫子之不爭也聞善必躬行之然後導與道同之是夫子之能勞也學夫子之三言而未能行是以自知終不及二子者也二子顏回東鰌也

孔子曰吾歿之後則商也日益賜也日損曾子曰何謂也子曰商也好與賢己者處子夏好與勝己之人相處賜也悅不若己者處子貢好與不如己若相處不知其子視其父不知其人視其友不知其君視其所使不知其地視其草木皆以彼知此也孟子觀遠臣以其所主觀近臣以其所為主意同故曰與善人居如入芝蘭之室久而不聞其香即與之化矣久後不聞其香氣與芝蘭居化矣與不善人居如入鮑魚之肆鮑魚鱐魚也○鮑部巧切久

而不聞其臭。亦與之化矣。〔久後不知其臭氣亦與鮑魚俱化也〕丹之所藏者赤。漆之所藏者黑。是以君子必慎其所與處者焉。

曾子從孔子於齊齊景公以下卿之禮聘曾子曾子固辭將行晏子〔齊大夫名嬰〕送之曰吾聞之君子遺人以財不若善言今夫蘭之本〔本謂根也〕三季湛〔浸物水中曰湛〇直禁切〕之以漉酳〔澄酒曰漉以酒漱口曰酳〇漉盧谷切酳羊進切〕既成噉之則易以匹馬非蘭之本性也所以湛者美矣願子詳〔審也〕其所湛者夫君子居必擇處遊必擇方仕必擇君擇君所以求仕擇方所以脩道遷風移俗者嗜慾移性

可不慎乎。孔子聞之曰：晏子之言君子哉。依賢者固不困，依有者固不窮。馬蚿（百足蟲○胡田切）斬足而復行，何也？以其輔之者衆也。

孔子曰：以富貴而下人，何人不尊？以富貴而愛人，何人不親？發言不逆，可謂知言矣；言而衆嚮之，可謂知時矣。是故以富而能富人者，欲貧不可得也；以貴而能貴人者，欲賤不可得也；以達而能達人者，欲窮不可得也。

孔子曰：中人之情也，有餘則侈，不足則儉，無禁則淫，無度則逸（逸放失也）從（從○足用切）欲則敗。故鞭朴之子不從父之教。刑戮之民。不從君之令。此言疾之難忍急之難行也。故君不急斷。不急制。使飲食有量。衣服有節。宮室有度。畜積有數。車器有限。所防亂之原也。夫度量不可不明。是中人所由之令。令教令也

孔子曰。巧而好度必攻。攻攻致也勇而好問必勝。智而好謀必成。以愚者反之。是以非其人。告之弗聽。非其地樹之弗生。得其人。如聚砂而雨之。言易入也非其人。如會聾而鼓之。夫處重擅龐。龐充實也一作擅寵專事妬賢。愚者之情也。位高則危。任重則崩。可立而待也。

孔子曰。舟非水不行。水入舟則沒。君非民不治。民犯

上則傾。是故君子不可不嚴也。小人不可不整一也。齊高庭問於孔子曰庭不曠山不植地曠隔也植根也庭自謂不以山為隔不以地為著而自遠來也衣穰而提贄穰草衣也提持也贄所執以為禮也精精宜為積氣以問事君子之道願夫子告之孔子曰貞以幹之貞正也易曰貞固以幹事敬以輔之施仁無倦見君子則舉之見小人則退之去女惡心而忠與之效勉也其行脩其禮千里之外親如兄弟行不效禮不脩則對門不女通矣夫終日言不遺己之憂終日行不遺己之患唯智者能之故自脩者必恐懼以除患恭儉以避難者也終身為善一言則敗之可不慎乎

辯物第十六

季桓子穿井獲如土缶其中有羊焉使使問於孔子曰吾穿井於費而井中得一狗何也孔子曰丘之所聞者羊也丘聞之木石之怪夔魍魎水之怪龍罔象土之怪羵羊也大首曰羵

吳伐越隳會稽吳王夫差敗越王句踐棲于會稽吳又隳之會稽山也隳毀也○隳呼同切獲巨骨一節專車焉吳子使來聘於魯且問之孔子命使者曰無以吾命也賓既將事乃發幣於大夫及孔子賜大夫幣及於孔子孔子爵之飲之酒也既徹俎而燕燕息也○燕伊甸切容執骨而問曰敢問骨何如為大孔子曰丘聞

昔禹致群臣於會稽之山，防風氏後至，禹殺而戮之，其骨專車，馬此為大矣。客曰：敢問誰守神？〔言何以為所守之神〕〔猶勾龍氏、列山氏為社稷之神之類〕孔子曰：山川之靈，足以紀綱天下者，其守為神；社稷之守，為公侯；〔加封五鎮，以東鎮為東安公之類〕山川之祀為諸侯，〔言所守之號有差也〕皆屬於王。〔加封五嶽，以東嶽為齊天王之類〕客曰：防風氏何守？孔子曰：汪芒氏之君，守封嵎者也。〔汪芒國名，封嵎山名〕為漆〔説文作釐〕姓，在虞夏為防風氏，商為汪芒氏，於周為長翟氏，〔翟一作瞿〕今曰大人。〔周之初與孔子之時，其名異也〕

〇按後第二十四篇孔子答康子五帝之問曰：五行佐成上帝，以太皞之屬配之，而亦從帝號之論參看，其義較明。蓋天地以五行成萬物，以有以尸之，故生而有功德於民者，沒而祀之，以主時事，亦從其號而曰帝也正與此互相發客曰人長之極幾何孔子曰僬僥氏長三尺短之至也長者不過十類之極也昔邵子有言會運世之說而以寅為物開戌為物閉與佛氏增刼滅刼之論相似其論亦以人之長短為言所以與聖人之以理言數與者蓋彼專以氣之消長言數故也

孔子在陳陳惠公賓之上館哀公六季吳伐陳楚救陳軍於城父聞孔子在陳蔡之間使人聘孔子孔子至陳時有隼鳥集於陳侯之庭而死隼鳥也方集庭而死楛矢貫之石砮○楛木名砮箭鏃楛侯古坊其長尺有咫咫八寸也惠公使人持隼如孔子館而問焉孔子曰隼之來遠矣此肅慎氏之矢也肅慎氏北夷也昔武王克商通道於九夷百蠻九夷東方九種百蠻南北百種使各以其方賄產財也來貢

而無忘職業於是肅慎氏貢楛矢石砮其長尺有咫先王欲昭其令德之致遠物也以示後人使永鑒焉故銘其栝（箭羽之間）曰肅慎氏貢楛矢以分大姬配胡公而封諸陳（大姬武王女胡公舜之後）古者分同姓以珍玉所以展親親也分異姓以遠方之職貢所以無忘服也（服服天子之事也）故分陳以肅慎氏貢焉君若使有司求諸故府其可得也公使人求得之金鐀（一作櫝）如之（如孔子言）

郯（徒監切東海國）子朝魯（魯昭公十七年郯子來朝）魯人問曰（魯人叔孫昭子也）少昊氏以鳥名官何也（少昊姓己名摯黄帝子玄囂以金德王天下號金天氏能脩太昊法故曰少昊）對曰吾祖也我知之（郯子言少昊氏我之祖也我知其以鳥名

官之故昔黃帝以雲紀官故為雲師而雲名按左史黃帝少典子軒轅氏代神農氏王天下以有雲瑞故以雲紀官春官青雲氏夏官縉雲氏秋官白雲氏冬官黑雲氏中官黃雲氏炎帝以火炎帝姓姜氏代共工氏王天下以有火德故以火紀官春官為大火夏官為鶉火秋官為西火冬官為北火中官為中火共工以水共工名康回以諸侯竊保冀方在神農前大昊後自謂水德故以水紀官春官為東水夏官為南水秋官為西水冬官為北水中官為中水太昊以龍太昊伏羲氏以木德繼天而故為風姓有聖德象日月之明故曰太昊伏制羲牛又云伏羲以龍馬負圖出河之瑞故以龍紀官春官為青龍夏官為赤龍秋官為白龍冬官為黑龍中官為黃龍又命朱襄為飛龍氏造書契昊英為潛龍氏造甲曆大庭為居龍氏治屋廬混沌為降龍氏驅民害陰康為土龍氏治田里栗陸為水龍氏繁滋草木疏流泉其義一也我高祖少昊摯名也之立也鳳鳥適至是以紀之於鳥故為鳥師而

鳥名

鳳鳥氏歷正也歷曆同鳳知天時有道則見故名歷正之官○玄鳥氏司分者也玄鳥燕也燕以春分來秋分去故司二分○伯趙氏司至者也伯趙伯勞也夏至鳴冬至止故司二至○青鳥氏司啓者也青鳥鶬鴳也鴳鷃同一作鷃立春鳴立夏止故司啓○丹鳥氏司閉者也丹鳥鷩雉也似山鷄而小冠背毛黃腹下赤項纓色鮮明以立秋來立冬去故司閉○巳上四鳥氏皆歷正之屬官○祝鳩氏司徒也祝鳩焦鳩也鵻鳩孝故為司徒主教民○雎鳩氏司馬也雎鳩王雎也鷙而有別故為司馬主兵行列○鳲鳩氏司空也鳲鳩布穀也飼子均平故為司空平水土○爽鳩司寇也爽鳩鷹也鷹鷙善摶擊故為司寇主刑擊盜賊○鶻鳩氏司事也鶻鳩鶻鵰春來冬去終歲不息故為司事主營事○巳上五鳩氏鳩民者也鳩聚也言聚民而治之也○五雉氏為五工正東方曰鶅雉西方曰鷷雉南方曰翟雉洛南曰翬雉北方曰鵗雉鶅雉摶埴之工也鷩雉攻水之工也翟雉攻金之工也翬雉設色之工也鵗雉攻皮之工也○五雉者利器用正度量夷民者也夷平也○九扈氏為九農正春扈鳻鶞趣民耕者也夏扈竊玄趣

民芸者也秋扈竊藍趣民收斂者也冬扈竊黃趣民蓋藏者也棘扈竊丹為果驅鳥者也桑扈竊脂為蠶驅雀者也○竊淺也以鳥之色言○行扈唶唶為民晝驅鳥者也宵扈嘖嘖為民夜驅獸者也老扈鷃鷃趣民收麥者也○唶唶嘖嘖鷃以鳥之聲言扈正也九扈者正民使無淫放者也○趣千木切雉丈几切扈侯古切

自顓頊以來不能紀遠乃紀於近為民師而命以民事顓頊黃帝孫以國高陽故曰高陽氏代少昊以水德王德不能致遠瑞而以民事命官以少昊四子重為木正曰句芒該為金正曰蓐收脩熙相代為水正曰玄冥又以共工之子句龍為土正黎為火正曰祝融國語所謂命火正黎司地以屬民是也則不能故也其不能紀遠以德不能致遠瑞故也孔子聞之時二十七遂見郯子而學焉既而告人曰吾聞之天子失官學在四夷猶信郯小國也故吳伐郯季文子嘆曰中國不振旅蠻夷入伐吾亡無日矣孔子稱官學在四夷疾時之廢學也郯少昊之後以其世則遠矣以其

國則小矣魯周公之後以其世則近矣以其國則大矣然其知禮不若邾子故孔子發此言疾時之不學也

邾隱公朝於魯子貢觀焉（子貢時為魯大夫）邾子執玉高其容仰定公受玉卑其容俯（王所以聘于王）子貢曰以禮觀二君者將有死亡焉夫禮生死存亡之體將左右周旋進退俯仰於是乎取之朝祀喪戎於是乎觀之今正月相朝（歲首二君相朝）而皆不度（不合禮度）心已亡矣嘉事不體（朝聘為嘉事不體不得其正也）何以能久高仰驕也卑俯替也驕近亂替近疾君為主其先亡乎夏五月公薨（定公先亡如子貢言）又邾子出奔（哀公七年魯伐邾執隱公八年歸之後吳又討之奔齊如子貢之言）孔子

曰賜不幸而言中是賜多言

孔子在陳陳侯就之燕遊焉行路之人云魯司鐸災司鐸官名及宗廟以告孔子子曰所及者其桓僖之廟陳侯曰何以知之子曰禮祖有功而宗有德故不毀其廟焉今桓僖之親盡矣又功德不足以存其廟而不毀是以天災加之三日魯使至問焉則桓僖也陳侯謂子貢曰吾乃今知聖人之可貴對曰君今知之可矣未若專其道而行其化之善也

陽虎既奔齊自齊奔晉適趙氏孔子聞之謂子路曰趙氏其世有亂乎子路曰權本不在焉豈能為亂孔

子曰非女所知夫陽虎親富而不親仁有寵於季孫又將殺之不克而奔求容於齊齊人因之乃亡歸晉是齊魯二國已去其疾趙簡子好利而多信必溺其說而從其謀禍敗所終非一世可知也

季康子問於孔子曰今周十二月夏之十月而猶有螽何也孔子對曰丘聞之火伏而後蟄者畢火大火心星也蟄蟄蟲也今火猶西流司歷過也歷曆也季康子曰所失者幾月孔子曰於夏十月火既沒矣今火見再失閏也

吳王夫差將與哀公見晉侯吳子魯哀公十三年與晉定公會於黃池子服景伯對使者曰王天子合諸侯則伯帥侯牧以見於

王伯王官伯也侯牧方伯也王官伯帥方伯以見天子尊天子也伯合諸侯伯方伯也則侯帥子男以見於伯今諸侯會時吳爲方伯而召會諸侯而君與寡君見晉成爲伯矣謂待晉以諸侯伯長之禮也且執事以伯召諸侯而以侯終之吳以魯君見晉君則從諸侯之制而非伯長之禮矣何利之有焉謂自賤也吳人乃止既而悔之遂囚景伯景伯謂太宰嚭曰魯將以十月上辛有事於上帝先王景人信鬼故托祭祀恐之季辛而畢有事祭所以欺吳也何也何景伯名世有職焉會助祭之職自襄以來魯襄公以來未之改也若其不會會祭則祝宗太祝宗人將曰吳實然謂告神以爲吳所因嚭言於夫差歸之子貢聞之見於孔子曰子服氏之子拙於說矣以實獲囚以

許得免孔子曰吳子為夷德可欺而不可以實是聽者之敝非說者之拙也

叔孫氏之車士曰子鉏商（車士持車者子姓鉏商名）采薪於大野（大野今高平鉅野縣東北大澤在魯西）獲麟焉（按春秋經魯哀公十四年春西狩獲麟傳曰西狩大野今此曰采薪大野若車士子鉏商非狩者采薪而獲麟也麟瑞物麕身牛尾狼額馬蹄有五采腹下黃高丈二一角而戴肉設武備而不為害含仁懷義音中鍾呂行步中規折旋中矩遊必擇土翔必有處不履生蟲不踐生草不群不旅不入陷穽不入羅網文章斌斌）折其前左足載以歸叔孫以為不祥棄之郭外（左傳以賜虞人棄之郭外將以賜虞虞人也）使人告孔子曰有麏而角者何也（麕麏也規倫切）○孔子往觀之曰麟也胡為來哉胡為來哉反袂拭面涕泣沾衿

叔孫聞之然後取之子貢問曰夫子何泣爾孔子曰麟之至爲明王也出非其時而見害吾是以傷哉麟者聖人之端夫子傷焉蓋自感也公羊傳顏淵死子曰噫天喪予子路死子曰噫天祝予西狩獲麟子曰吾道窮矣天告夫子將歿之徵故云爾孔子曰天子布德將致太平則麟鳳龜龍先爲之祥今宗周將滅天下無主孰爲來哉遂泣曰予之於人猶麟之於獸也麟出而死吾道窮矣乃歌曰唐虞世兮麟鳳遊今非其時來何求麟兮麟兮我心憂

哀公問政第十七

哀公問政於孔子孔子對曰文武之政布在方策方板也受策竹書載古聖王之多政矣曰文武者蓋自其近稱之亦憲章之意也其人存則其政舉言文武存則舉其政而行之其人亡則其政息文武既沒其政滅矣

天道敏生生物之速無動植言地道敏樹言敏生則樹在其中矣而又云爾者植物記於地也人道敏政夫政也者蒲盧也蒲盧陸佃作果蠃沈括作蒲葦自敏樹言之蒲葦為是譬之敏生則果蠃亦通埤雅果蠃連泥作房如併竹管取桑蟲負之七日而化為子其祝聲可聽法言曰祝之曰類我蓋其音云也一名蒲盧○果古火切蠃郎果切待化以成政在化民民化則政成矣故為政在於得人取人以身脩道以仁仁即道也而脩道以仁者道體甚大在人心之親切者惟仁耳能仁則進於道矣仁者人也親親為大仁之用莫大於親親義者宜也尊賢為大義之用莫大於尊賢親親之殺殺記作殺尊賢之等禮所生也孟子親親仁也尊賢義也禮則節文斯二者而已禮者政之本也為政以禮為本也是以君子不可以不脩身為政在人取人以身故也思脩身不可以不事親脩道以仁故也

思事親不可以不知人欲盡親親之仁必由尊賢之義思知人不可以不知天親親尊賢皆天理也天下之達道有五其所以行之者三曰君臣也君臣有義父子也父子有親夫婦也夫婦有别兄弟也兄弟有序朋友也朋友有信五者天下之達道上文五者天下古今所共由之路也智仁勇智所以知此仁所以體此勇所以強此也三者天下之達德三者天下古今所同得之理也所以行之者一也一者誠也或生而知之生知者知也或學而知之學知者仁也或困而知之困知者勇也及其知之一也合三者而言皆知者之事而知之者智也或安而行之安行者知也或利而行之利行者仁也或勉強而行之勉強行者勇也及其成功一也合三行而言皆仁者之事而成功者勇也公曰子之言美矣至矣

寡人實固不足以成之也孔子曰好學近乎智力行近乎仁知耻近乎勇知斯三者則知所以脩身知所以脩身則知所以治人知所以治人則能成天下國家矣公曰政其盡此而已乎孔子曰凡為天下國家有九經曰脩身也尊賢也親親也敬大臣也體羣臣也子（一作重）庶民也來百工也柔遠人也懷諸侯也夫脩身則道立尊賢則不惑親親則諸父昆弟不怨敬大臣則不眩體群臣則士之報禮重子庶民則百姓勸來百工則財用足柔遠人則四方歸之懷諸侯則天下畏之公曰為之柰何孔子曰齊明盛服非禮不

動所以脩身也去讒遠色賤財而貴德所以尊賢也爵其能重其祿同其好惡所以篤親親也官盛任使所以勸大臣也盛其官屬足任使令忠信重祿所以勸士也忠信者與之重祿也時使薄斂所以子百姓也日省月考既稟稱事既稟稍事也謂食多寡稱其事也所以來百工也送往迎來嘉善而矜不能所以綏遠人也繼絕世舉廢邦治亂持危朝聘以時厚往而薄來所以懷諸侯也治天下國家有九經其所以行之者一也凡事豫則立不豫則廢言前定則不跲躓也事前定則不困行前定則不疚道前定則不窮在下位不獲于上民弗可得而治矣獲

乎上有道不信於友不獲於上矣信於友有道不順乎親親不信乎友矣順乎親有道反身不誠不順乎親矣誠身有道不明乎善不誠乎身矣誠者天之道也誠之者人之道也夫誠者不思而得不勉而中從容中道聖人之所以定體也（一作體定）誠之者擇善而固執之者也公曰子之教寡人備矣敢問行之所始孔子曰立愛自親始教民睦也立敬自長始教民順也教之慈睦而民貴有親教以敬而民貴用命既孝於親又順以聽命措諸天下無所不可公曰寡人既得聞此言也懼不能果行而獲罪咎

宰我問於孔子曰吾聞鬼神之名而不知所謂敢問焉孔子曰人生有氣有魂氣與魄非二也充於四肢百骸為氣而所以動作則魂也有魄魄精氣之寓於形者也氣魂魄會謂之生氣聚則魂魄相交而生氣者神之盛也合氣與魂為神魄者鬼之盛也合氣與魄為鬼夫生必有死死必歸土此謂鬼魂氣歸天此謂神合鬼與神而享之教之至也合鬼與神而事之者孝道之至孝者教之所由生也骨肉弊弊與斃同于下化為野土其氣發揚于上者此神之著也聖人因物之精制為之極極中也制為中法也明命鬼神以為民之則顯然稱為鬼神使民尊而事之也而猶以是為未足也故築為宮室設為宗祧宗宗廟也祧遠廟也天子特有二祧諸侯謂始祖為祧也春

秋祭祀以別親疎教民反古復始不敢忘其所由生也衆人服（服從）自此聽且速焉（聽之速也）又教以二端二端既立服以二禮（二端謂氣與䰟也二禮報氣與䰟也）建設朝（音招）事（謂初薦腥時事也）燔燎羶鄉（謂取膟膋雜以蕭蒿焚之使羶薌上騰也膟音律膋音聊腸間脂也薌音香）所以報氣也薦黍稷（謂饋熟時則以黍稷為薦）羞肺肝（羞進也謂進其肺肝心首之饌）加以鬱鬯（鬱香草鬯王曰樽也）所以報䰟也此教民脩本反始崇愛上下用情禮之至也（民能不忘其所由生然後能相愛也上下謂尊卑用情謂親也）君子反古復始（吾之所謂古祖也吾所自為始稱也尊祖親稱所以為反古復始也）不忘所由生是以致其敬發其情竭力從事不敢不自盡也此之謂大教昔者文王之祭也事

死如事生思死而不欲生欲猶得也忌日則必哀稱諱則如見親祀之忠也盡心祀事思之深如見親之所愛祭欲見親顏色者其唯文王乎詩云明發不寐有懷二人則文王之謂與此小宛之辭也擬此詩以喻文王明發自夜至啓明時二人謂父母也祭之明日明發不寐有懷二人敬而致之敬記作饗又從而思之祭之日樂與哀半饗之必樂樂其必來已至必哀哀其終往○以祭之明日二十一字在此句下意尤順言禪祭也○禪與縟同孝子之情也文王為能得之矣

丙辰夬月　　癸酉林信充朱了

孔聖家語圖卷之五

孔聖家語圖卷之六

武林後學吳嘉謨集校

顔回第十八

魯定公問顔回曰子亦聞東野畢之善御乎東野民名畢莊好衕根御又作馭使馬也對曰善則善矣雖然其馬將必佚佚與逸同定公色不悅謂左右君子固有誣人也顔回退後三日牧來訴之曰東野畢之馬佚兩驂曳兩服入于廐驂馬在外服馬在中曳謂曳足而行不任事也易曰其于馬也爲曳○音試結切公聞之越席而起促駕召顔回顔回至公曰前日寡人問吾子以東野畢之善御而子曰善則善矣其馬將佚不識吾

子奚以知之顏回對曰以政知之昔者帝舜巧於使民造父巧於使馬（造父周穆王時人以善御幸於王得八駿馬遊行天下）舜不窮其民力造父不窮其馬力是以舜無佚民造父無佚馬今東野畢之御也升馬執轡銜體正矣（轡馬韁也銜馬勒也體馬體也言馬正當車也）步驟馳騁朝禮畢矣（謂集其馬步驟馳騁中規中矩盡朝廷之禮也）歷險致遠馬力盡矣然而猶乃求馬不已臣以此知之公曰善哉若吾子之言也吾子之言其義大矣願少進乎顏回曰臣聞之鳥窮則啄獸窮則攫（攫搏取也本從人言說兟作觸是也）人窮則詐馬窮則佚自古及今未有窮其下而能無危者也公說遂以告孔子孔子對

曰夫其所以為顏回者此之類也豈足多哉

孔子在衛昧旦（早也）晨興顏回侍側聞哭者之聲甚哀子曰回汝知此何所哭乎對曰回以此哭聲非但為死者而已又有生離别者也子曰何以知之對曰回聞桓山之鳥生四子焉羽翼既成將分於四海其母悲鳴而送之哀聲有似於此謂其往而不返也回竊以音類而知之孔子使人問哭者果曰父死家貧賣子以葬與之長決子曰回也善於識音矣

顏回問於孔子曰成人之行若何子曰達于情性之理通于物類之變知幽明之故覩游氣之原若此可

謂成人矣既能成人而又加之以仁義禮樂成人之行也若乃窮神知化德之盛也

顏回問於孔子曰臧文仲武仲孰賢孔子曰武仲賢哉顏回曰武仲世稱聖人而身不免於罪是智不足稱也武仲為季氏廢適立庶為孟氏所譖出奔于齊好言兵討而挫銳於邾是智不足名也武仲與邾戰而敗績國人頌之曰我君小子侏儒是使侏儒侏儒使我敗於邾計一作討夫文仲身雖殁而言不朽惡有未賢立不朽之言故以為賢

孔子曰身殁立言所以為文仲也然有不仁者三不智者三是則不及武仲也

冉曰可得聞乎孔子曰下展禽展禽柳下惠也下謂知其賢而使在下位也置六關六關關名魯本無關

文仲置之以稅行若妾織蒲傳曰織蒲蒲席也言仲為國世家在於貪利三不仁設虛器蔡天子之守龜非文仲所宜居故曰虛器縱逆祀夏父弗忌為宗伯躋僖公於閔公之上文仲縱而不禁也祀海鳥海鳥曰爰居止于魯東門之上文仲以為神令國人祀之三不智武仲在齊齊將有禍不受其田以避其難難一作亂是智之難也武仲奔齊齊莊公與之田武仲知其將有難辭而不受也夫臧武仲之智而不容於魯抑有由焉作而不順施而不恕也夫不順不恕謂欲以廢適立庶施於季氏也夏書曰念茲在茲順事恕施

顏回問君子孔子曰愛近仁博愛於人則近於仁也度近智量度其事而後行則近於智也為已不重無私我也為人不輕厚待物也君子也

夫回曰敢問其次子曰弗學而行弗思而得質美而未學也

小子勉之勉謂學也

顏回問小人孔子曰毀人之善以為辯不惟不能愛也狡訐

懷詐以為智不惟不能度也幸人之有過不惟不重於為已也恥人之

學而羞人之不能不惟不能厚於待人也小人也

顏回謂子路曰力猛於德而得其死者鮮矣盍慎焉

孔子謂顏回曰人莫不知此道之美而莫之御御猶行也

莫之為也何居為聞道者盍日思也夫

顏回問於孔子曰小人之言有同乎君子者不可不

察也孔子曰君子以行言小人以舌言故君子於為

義之上上與尚同相疾也退而相愛急令為義是以相疾而其情實相親小

人於為亂之上相愛也退而相惡（樂並為亂是以相愛而情實不相親）

顏回問朋友之際（交也）如何孔子曰君子之於朋友也心必有非焉而弗能謂（不忠告也）吾不知其仁人也不忘久德不忘久怨仁矣夫

仲孫何忌問於顏回曰仁者一言而必有益於仁智可得聞乎回曰一言而有益於智莫如豫一言而有益於仁莫如恕夫知其所不可由斯知其所由矣

叔孫武叔見未仕（仕疑作侍）於顏回回曰賓之武叔多稱人之過而己評論之顏回曰固子之來辱也宜有得於回焉吾聞諸孔子曰言人之惡非所以美己言人

之枉非所以正己故君子攻其惡無攻人之惡

顔回謂子貢曰吾聞諸夫子身不用禮而望禮於人身不用德而望德於人亂也夫子之言不可不思也

子路初見第十九

子路初見孔子子曰女何好樂魚教切對曰好長劒孔子曰吾非此之問也徒謂以子之所能而加之以學問豈可及乎子路曰學豈有益也哉說苑作學亦有益乎孔子曰夫人君而無諫臣則失正士而無教友則失聽御狂馬不釋策御狂馬者不舍鑾策然後可控制也操弓不反檠檠與檠同所以正弓也弓不反檠然後可折析屈曲也○檠渠京切木受繩則直人受諫則聖

受學重問孰不順成成其問學之志毀仁仁作人一惡士必近於刑謗毀仁者憎惡士人必主於刑也君子不可不學子路曰南山有竹不揉自植斬而用之達于犀革以此言之何學之有孔子曰括而羽之鏃而礪之括箭筈羽所以揚之鏃箭刃礪所以利之○刃時渠切其入之不亦深乎此學之益也子路再拜曰敬受教

子路將行辭於孔子子曰贈女以車乎贈女以言乎子路曰請以言孔子曰不強不達強毅也達道遠也不勞無功不忠無親忠我盡心于人親人盡心于我不信無復近義之信言乃可復不恭失禮禮以敬為主慎此五者而已子路曰由請終身奉之

敢問親交取親若何言寡可行若何長為善事而無犯若何孔子曰女所問也在五者中矣親交取親其忠也言寡可行其信也長為善士士宜作事而無犯其禮也

孔子為魯司寇見季康子康子不説康子當為桓子孔子又見之宰予進曰昔予也常聞諸夫子曰王公不我聘則弗動夫子之於司寇也日少言居位不久也而屈節數矣屈節謂數見季孫也不可以已乎孔子曰然魯國以衆相陵以兵相相暴之日久矣而有司不治則將亂也其聘我者孰大於是哉言聘我在官其為治豈復有于此者也魯人聞之曰

聖人将治何不先自遠於刑罰自此之後國無爭者

孔子謂宰予曰違山十里蟪蛄之聲猶在於耳故政事莫如應之（蟪蛄蟬屬蟋蟀也去山十里猶聞其聲似其鳴之不已也言政事須慎聽之然後行之也聽字疑聞誤大抵使聞而改之之意）

孔子兄子有孔篾者與宓子賤皆仕孔子往過孔篾而問之曰自女之仕何得何亡對曰未有所得而所亡者三王事若龍（龍宜為聾言前後相因也）學焉得習（不暇學也）是學不得明也俸禄少饘粥不及親戚是骨肉益踈也公事多急不得弔死問疾是朋友之道闕也所亡者三即謂此也孔子不説往過子賤問如孔篾對曰自來

仕無所亡有所得者三始誦之今得而行之是學益明也俸禄所共被及親戚是骨肉益親也雖有公事而兼以弔死問疾是朋友篤也孔子喟然謂子賤曰君子哉若人指子賤也魯無君子者則子賤焉取此明魯之多賢見子賤之能取友以成此德也

孔子侍坐於哀公賜之桃與黍焉哀公曰請食孔子先食黍而後食桃左右皆掩口而笑公曰黍者所以雪桃雪拭之也非為食之也孔子對曰丘知之矣然黍者五穀之長郊祀宗廟以為上盛在器曰盛時征切果屬有六而桃為下祭祀不用不登郊廟丘聞之君子以賤雪貴

未聞以貴雪賤今以五穀之長雪果之下者是從上雪下臣以為妨於教害於義故不敢公曰善哉

子貢曰陳靈公宣婬於朝（靈公與卿孔寧儀行父共通大夫御叔之妻夏姬）泄冶正諫而殺之是與比干諫而死同可謂仁乎孔子曰比干於紂親則諸父官則少師忠報之心在於宗廟而已固必以死爭之冀身死之後紂將悔悟其本志情在於仁者也泄冶之於靈公位在大夫無骨肉之親懷寵不去仕於亂朝以區區之一身欲正一國之婬昏死而無益可謂狷（狷委棄也）詩云民之多辟無自立辟（此大雅板之辭僻邪也辟法也此特解孔子引詩之意也）其泄冶之謂乎

孔子相魯齊人患其將霸齊人恐魯國成霸者之道欲敗其政乃選好女子八十人乃選美女八十人衣以文飾而舞容璣衣文繡之衣舞容璣之曲及文馬四十駟駟四馬也以遺魯君陳女樂列文馬于魯城南高門外陳列所貢之物于魯城南門外季桓子微服往觀之再三將受焉告魯君為周道游觀觀之為周徧道路遊行之名因出觀齊之女樂終日怠於政事子路言於孔子曰夫子可以行矣孔子曰魯今且郊若致膰肉大夫若猶致肉分於大夫是則未廢其常則是常禮猶不失吾猶可以止也在我未可去者也桓子既受女樂君臣淫荒三日不聽國政郊又不致膰俎俎半肉在且上禮俎也○側呂切孔子遂行宿於郭屯地名

（在魯之南）師已（魯大夫名）送曰夫子非罪也孔子曰吾歌可乎歌曰彼婦人之口可以出走彼婦人之謁（陰晦也○於益切）可以死敗（言婦人之柔暗甘言足以使人死敗出亡也）優哉優哉聊以卒歲（言士之不遇聊優優以終歲也）

澹臺子羽有君子之容而行不勝其貌宰我有文雅之辭而智不充其辯孔子曰里語云相馬以輿相士以居（言必考其實也）弗可廢矣以容取人則失之子羽以言取人則失之宰予（言一作辭）

孔子曰君子以其所不能畏人小人以其所不能不信人故君子長人之才小人抑人而取勝焉

孔蔑問行己之道問修身行己之道也子曰知而弗為莫如弗知既知可為而不為不如不知親而弗信莫如勿親既親於人又不信之不如勿與相親樂之方至樂而弗驕喜之方來不可乘而驕患之將至思而弗憂患難方來當思而不當憂孔蔑曰行己乎行己之道如斯而止乎子曰攻其所不能言己有不能當攻治之備其所不足己有不足常備至之毋以其所不能疑人勿以我不能而疑人之能毋以其所能驕人勿以己能而驕人之不能終日言無遺己之憂言無口過故不至有憂終日行無遺己之患行無怨惡故不至於有患也惟智者能之惟明哲之人能如此

楚昭王聘孔子，孔子往拜禮焉（夫子往楚國拜昭王之禮命）路出於陳蔡（行路出於陳蔡之間）陳蔡大夫相與謀曰（陳蔡二國之臣相共謀議）曰孔子聖賢（夫子乃聖賢人也）其所刺譏皆中諸侯之疾（其諷諫皆切中諸侯之失）若用於楚，則陳蔡危矣，遂使徒兵距孔子不得行（乃用其徒舉兵遮孔子路不得行）絕糧七日（孔子不食者七日）外無所通（外無間道可通）藜羹不充（藜羹亦不充足於飢）從者皆病（隨從之人飢餓而病）孔子愈慷慨講誦絃歌不衰（孔子知弟子有慍色，益自慷慨講誦絃歌不少息者也）乃召子路而問焉曰：匪兕匪虎，率彼曠野（詩小雅何草不黃之辭，率，循也，言匪虎兕何為使循曠野而不安也）吾道非乎？奚為至於此乎？子路作色而對曰：君子無所困（君子之人何所窮困）意者

夫子未仁與 乃夫子未能盡於仁乎 人之弗吾信也 故人不信也 意者夫子未智與 又乃夫子未能盡智乎 人之弗吾行也 故人不使通行而窮困如此也 且由也昔者聞諸夫子曰為善者天報之以福 人能作善則天以福報之 為不善者天報之以禍 為不善則天以禍報之 今夫子積德懷義 今夫子外積於德內懷為義 行之久矣 行之於已亦已久矣 奚居之窮也 何為窮困若此 子曰由未之識也 子謂仲由爾未知此理 吾語汝汝以仁者為必信也 汝言仁者之人必取信於人乎 則伯夷叔齊不餓死首陽 則夷齊仁者也必不當餓死 汝以智者為必用也 汝言智者必見用於人 則王子比干不見剖心 則比干不當為紂所殺 汝以忠者為必報也 汝言忠臣必得君之報乎 則關龍逢不見

刑則龍逢亦不當為紂所殺汝以諫者為必聽也汝言諫臣必得君之聽乎則
伍子胥不見殺則子胥不當見殺於吳王矣夫遇不遇者時也時有
遇與不遇也賢不肖者才也才有賢不肖者也君子博學深謀而
不遇時者衆矣世之賢才君子不遇時者多何獨丘哉豈獨我不遇哉且
芝蘭生於幽林夫芝蘭之草生於深谷林之中不以無人而不芳豈因
無人往來而不吐其香乎君子修道立德君子將明其道成立其德不為窮困
而改節豈以一時之窮困而遂變其所守乎為之者人也作為在人生死者
命也死生有命是以晉重耳之有霸心生於曹衛重耳晉文公為
公子時出奔於曹衛越王句踐之有霸心生於會稽越王之有霸心困于
會稽也故居下而無憂者則思不遠在下位而無患難之憂則思慮淺而

已矣處身而常逸者則志不廣處身而務逸樂則其志小庸知其終始乎庸用也汝何用知其終始或者晉文公越王時也子路出召子貢告如子路子貢曰夫子之道至大故天下莫能容是以天下不能容夫子盍少貶焉夫子何不少自損抑子曰賜良農能稼不必能穡種曰稼斂曰穡良農能種稼未必能斂以歲有豐凶也良工能巧不能為順良工能巧不能順意以規矩有定也君子能脩其道綱而紀之君子能修明其道有綱而有紀也不必其能容未必其人之能容今不修其道而求其容今乃不修其道而求人之見容賜爾志不廣矣思不遠矣子貢出顏回入問亦如之顏回曰夫子之道至大天下莫能容雖然夫子推而行之世不我用有國者之醜

也夫子何病焉不容然後見君子世不能容乃見君子道大孔子欣然嘆曰夫子問顏回言而樂然嘆曰有是哉誠有如此也顏氏之子使爾多財吾為爾宰宰主財者為之主財志意同也

孔子厄於陳蔡從者七日不食子貢以所齎貨竊犯圍而出告糴於野人得米一石焉顏回仲由炊之於壞屋之下有埃墨墮飯中顏回取而食之子貢自井望見之不說以為竊食也入問孔子曰仁人廉士窮改節乎孔子曰改節即何取於仁廉哉子貢曰若回也其不改節乎子曰然子貢以所飯告孔子子曰吾信回之為仁久矣雖女有云弗以疑也其或者必有

故乎女止吾將問之召顏回曰疇昔予夢見先人豈或啓祐我哉子炊而進飯吾將進祭也焉對曰向有埃墨墮飯中欲置之則不潔弃之則可惜即食之不可祭也孔子曰然乎吾亦食之顏回出孔子謂二三子曰吾之信回非待今日也二三子由此乃服之

子路問於孔子曰君子亦有憂乎子曰無也君子之修行也其未得之也則樂其意既得之又樂其治治易也有終身之樂無一日之憂故君子常樂而不憂小人則不然小人反是其未得也患弗得之既得之又恐失之是以有終身之憂無一日之樂也故小人常憂而不樂

曾子敝衣而耕於魯（曾子衣敝衣而耕於魯之野）魯君聞之而致邑焉固辭不受曰（曾子堅辭不肯受乃曰）吾聞受人施者常畏人（我聞受人之與者常畏怯之）與人者常驕人（有物與人者見其人常驕怠之）縱君有賜不我驕也（雖使魯君有賜而不驕忽于我）吾豈能勿畏乎（在我豈不畏之）孔子聞之曰參之言足以全其節也

入官第二十一

子張問入官於孔子（入官謂當官治民之職）子曰安身取譽為難（子言居官身安得其善譽者難也）子張曰為之如何子曰已有善勿專（言有善不專為己有）教不能勿怠（教民未能勿倦怠）已過勿發（人已有失無所傷害不發）失言勿倚（人有失言勿倚角之也）不善勿遂（已有不善不可

遂行也行事勿留宜行之事不可留滯君子入官具此六者居官能行此六者則身安譽至而政從矣且夫忿數者獄之所由生也忿怒不常則事多抑枉故訟獄自此而生也距諫者忠之所以塞也不聽人諫則忠言必有所塞慢易者禮之所以失也輕忽於事則失其禮怠惰者時之所以後也不勤於事則失其時奢侈者財之所以不足也不能節用則財不足也專獨者事之所以不成也自專而不任人則事不成也君子入官除此六者入居官又能去此六者則身安譽至而政從矣故君子南向臨官自此以下言民之所以德也大域之中而公治之大域猶辜較也精智而略行之思之極其精行之務其大合是忠信考是大倫在是美惡在察也進是利而除是

害無求其報焉而民之情可得也夫臨之無抗民之志治民而無抗易之志言不驕也勝之無犯民之言以慎勝民而言不犯善道之也量之無佼民之辭庸人之敏者曰佼度量而施之不佼民以辭也○佼苦絞切養之無擾於其時愛之無寬於刑法惜其力而不困咸克愛而不傷若此則身安譽至而民德也德一作得德感也得服也則不止於民從矣君子以臨官自此以下言民之所以自治也所見於邇故明不可蔽察於微也所求於邇故不勞而得也道在邇也所以治者約故不用眾而譽立所守者約則所施自裕也凡法象在內故法不遠而源泉不竭出之有本是以天下積而本不寡積謂事之所聚不寡而應之有餘長短得其量人志治而不亂政德貫乎心藏乎

志形乎色發乎聲若此而身安譽至而民咸自治矣自治謂化行則不止民德矣是故臨官不治此以下本諸身而言之則亂亂生則爭之者至爭之至又於亂又甚也小亂則爭明爭甚則大亂至矣君必寬宥以容其民慈愛以優柔之而自得矣行者政之始行為政始言民從行而不從言○行胡孟切說者情之導也說言也言以達其情而已善政行易而民不怨政易從而民說言調說和則民不變言達其情故調和而民從法在身則民象之身為度而後民則之明在己則民顯之己無私蔽而後民無遁情若乃供己而不節財則財利之生者微矣惟供己欲而不知節生財之道微矣貪以不得則善政必簡矣役志於利而惟恐不得則不暇於脩政矣苟以亂之苟苟道也則善言

必不聽也詳以納之則規諫日至言之善者在所日聞行之善者在所能為故君上者民之儀也儀法式也君為民之法式也有司執政者民之表也臣為民之表倡邇臣便辟者群僕之倫也近臣者衆僕之紀也故儀不正則民失若儀不正則百姓皆失正表不端則百姓亂臣表不直則民不得而治邇臣便辟則群臣汙矣言近臣不可不慎御則臣節不立矣辟與嬖同是以人君不可不敬乎三倫三倫儀表紀也君子脩身反道察理言而服行也之則身安譽至終始在焉故夫女子必自擇絲麻良工必自擇完材賢君必自擇左右勞於取人佚一作勤於治事君子欲譽則必謹其左右中言譽至之道為上者辟如緣木

焉務高而畏下滋甚（滋益也）六馬之乖離必於四達之交衢（多岐故也）萬民之叛道必於君上之失政（則事多岐矣）上者尊嚴而危民者卑賤而神愛之則存惡之則亡（君有愛惡之心感於民則民應之而位之存亡以之故謂之神）長民者必明此之要故南面臨官貴而不驕富而能供（供宜為共古恭字也）有本而能圖末脩事而能建業久居而不滯情近而暢乎遠察一物而貫乎多治一物而萬物不能亂者以身本者也（中言身安之道）君子涖民不可以不知民之性而達諸民之情既知其性又習其情然後民乃從命矣故世（世宜作德）舉則民親之政均則民無怨故君子涖民不臨以

高〔不抗揚也〕不導以遠，不責民之所不為，不強民之所不能，以明王之功。〔功之大者也〕不因其情，則民嚴而不迎。〔立大功而不因民之情，則民將畏而不奉上矣〕篤之以累年之業，〔業之久者也〕不因其力，則民引而不從。〔引弦也。弓強而弸彉開張也。立久遠之業而非民力之所堪，則民將弦強而不從其教也。○弦，胡肱切〕若責民所不為，強民所不能，則民疾，疾則僻矣。〔民疾其上，即邪僻之心生〕古者聖王〔上古聖德之君王者也〕冕而前旒，所以蔽明也。〔所以蔽其明視也〕紘統充耳，所以掩聰也。〔充，實也。紘，纓從下而上。統，冠之垂在耳傍〕水至清則無魚，人至察則無徒。〔人太明察，則人不敢相親〕狂而直之，使自得之；優而柔之，使自求之；〔寬和待民而不感也〕揆之度之，使自索之。〔揆度其法，以開示之，使民自索求之也民有小罪必求其善以赦其過當求其善處以赦宥之民有大罪必原其故以仁輔化當推原其所以犯處以仁道輔助而化之如有死罪其使之生則善也若死罪而求生之則仁至而善盡故德者政之始也政不和則民不從其教矣不從教則不習不習則不可得而使也君子欲言之見信也莫善乎先虛其内虛内則情順萬民而無情故民說而信之欲政之速行也莫善乎以身先之欲民之速服也莫善乎以道御之故雖服必強言民雖服而必威強之則非忠信之服也自非忠信則無可以取親於百姓者矣内外不相應言不孚也則無以取信於庶民者矣此治民之至道矣此乃治民至極之道殆無以加於此者矣

官之大統矣居官之大統亦無以加於此者矣子張既聞孔子斯言遂退而記之

困誓第二十二

子貢問於孔子曰賜倦於學困於道矣賜也息於問學倦於行道願息而事君可乎願少休息出仕於君何如也孔子曰詩云温恭朝夕執事有恪詩商頌那之辭也恪敬也事君之難也焉可以息哉安得休息曰然則賜願息而事親又言願休息所學以事父母孔子曰詩云孝子不匱永錫爾類詩大雅既醉之辭也匱竭也類善也事親之難也焉可以息哉安得休息其學而願事親哉盖不學而事親則必不能事親矣曰然則賜願息於妻子孔子曰詩云刑于寡妻至于

兄弟以御于家邦詩大雅思齊之辭也刑法也寡適也一曰寡有之賢妻也御正也妻子之難也焉可以息哉曰然則賜願息於朋友孔子曰詩云朋友攸攝攝以威儀亦大雅既醉之辭也言朋友相攝佐者皆有威儀也朋友之難也焉可以息哉曰然則賜願息於耕矣孔子曰詩云晝爾于茅宵爾索綯亟其乘屋其始播百穀詩豳風七月之辭也于往也綯絞索也亟急同乘屋升治屋也言當及時蓋藏以來歲將復始播穀有不暇也耕之難也焉可以息哉曰然則賜將無所息者也孔子曰有焉自望其廣則睪如也廣宜為壙睪列子作宰高貌壙而高冢也視其高則填如也填塞也言冢高而塞實也察其從則隔如也言其隔異不得復相從也此其所以息也已子貢曰大哉

乎死也君子息焉小人休焉大哉乎死也

孔子自衛將入晉至河聞趙簡子名鞅殺竇犫犫名字鳴犢○犫除留切鳴犢及舜華一作慶華乃臨河而歎曰美哉水洋洋乎丘之不濟此命也夫按孔子去衛入晉事大畧與史記同而劉向說苑載簡子聘孔子而將殺之之語似非無為姑記之以備參考子貢趨而進曰敢問何謂也孔子曰竇犫鳴犢舜華晉之賢大夫也趙簡子未得志之時須此二人而後從政及其已得志也而殺之丘聞之刳胎殺夭則麒麟不至其郊竭澤而漁則蛟龍不處其淵覆巢破卵則鳳凰不翔其邑何則君子違違去也或作諱傷其類者也鳥獸之於不義尚知避之

況於人乎遂還息於陬陬河之東北隅也一陬下有鄉字非魯之鄹邑也作槃操以哀之按槃操琴曲名史記作陬操其詞曰周道衰微禮樂陵遲文武既醉〇卒也〇我將焉師周游天下靡邦可依鳳鳥不識珍寶梟鴟眷焉顧之慘焉心悲升車命駕將適晉都黃河洋洋悠悠之魚臨津不濟還轅息陬傷予道窮哀彼無辜翱翔于衛復我舊廬從吾所好其樂只且

子路問孔子曰有人於此夙興夜寐耕耘樹藝手足胼胝以養其親而名不稱孝何也孔子曰意者身不敬與辭不順與色不說與古人有言曰人與己與不女欺言人與己事實相通不相欺也今盡力養親而無三者之闕何謂無孝之名乎由女志之吾語女雖有國士之力而不能自舉其身非力之少勢不可矣夫內行不修身

之罪也行修而名不彰友之罪也行修而名自立故君子入則篤行出則交賢何為無孝名乎

孔子遭厄於陳蔡之間絕糧七日弟子餒病孔子絃歌夫子絃琴而歌子路入見曰夫子之歌禮乎夫子之所歌合禮者乎孔子弗應曲終而曰琴罷乃曰由來吾語汝由來我與爾言焉君子好樂為無驕也小人好樂為無懾也懾懼也其誰之子不我知而從我者乎猶言以誰氏之子謂子路也雖從我而不能知我也子路說援戚戚斧鉞也而舞三終而出明日免於厄一作使子貢至楚昭王興師迎孔子乃得免子貢執轡曰二三子從夫子而遭此難也其弗忘矣孔子曰善惡何矣惡何猶言其何也夫陳蔡之

間丘之幸也二三子從丘者皆幸也吾聞之君上不困不成王烈士不困行不彰庸知其非激憤厲志之始於是乎在

孔子之宋匡人簡子以甲士圍之（匡人有簡子以甲兵阻路）子路怒奮戟將與之戰（子路發怒持劍戟欲與匡人相戰）孔子止之曰惡有修仁義而不免世俗之惡者乎夫詩書之不講禮樂之不習是丘之過也若以述先王好古法而為咎者（如述先王道古人法而見惡於當世之人而如此）則非丘之罪也命之歌（使子路歌）予和汝子路彈琴而歌孔子和之（子路乃操琴而歌夫子於是和之也）曲三終（曲終三成）匡人解甲而罷（匡人遂引兵退）孔子曰不

觀高崖何以知顛墜之患不臨深淵何以知沒溺之患不觀巨海何以知風波之患失之者其不在此乎人之失身豈不在此三患乎士能慎此三者則無累於身矣言事能戒此三者之失也則亦不失於顛墜亦不失於沒溺亦不失於風流何者而能累其身哉言此以警二三子及十略也

子貢問於孔子曰賜既為人下矣而未知為人下之道敢問之子曰為人下者其猶土乎扫扫與掘同之深則出泉汩渥汩四伏涌出貌渥霑濡滂霈貌樹其壤則百穀滋焉草木殖焉禽獸育焉生則出焉死則入焉多其功而無其意代有功而無專成地道也恢其志而無不容含弘光大地之德也為人下

信

者以此也言當如地道也

孔子適鄭與弟子相失獨立東郭門外或人史作鄭人姑布子卿也謂子貢曰東門外有一人焉其長九尺有六寸河目隆顙其頭似堯其頸史記作項似皋陶其肩似子產然自腰以下不及禹者三寸儽然嬾㒩貌一曰病敗也如喪家之狗喪家狗主人哀荒不見飯食故纍然不得意也孔子生亂世道不得行故儽然有不得意之貌韓詩外傳曰喪家之狗既斂而椁布席而祭顧望無人故纍然也子貢以聞孔子欣然而歎曰形狀末也如喪家之狗然乎哉然乎哉

孔子適衛路出於蒲會公叔氏以蒲叛衛而止之史記作蒲人止孔子孔子弟子有公良儒者為人賢長有勇力以

私車五乘從夫子行喟然曰昔吾從夫子遇難於匡伐樹於宋（孔子與弟子行禮大樹下桓魋欲害之故先伐其樹）今（史今下有又字）遇困於此命也夫與其見夫子仍遇於難寧我鬭死挺劍而合衆將與之戰蒲人懼（史記懼下謂孔子三字）曰苟無適衛吾則出子以盟孔子而出之東門孔子遂適衛子貢曰盟可負乎孔子曰要我以盟非義也衛侯（靈公）聞孔子來喜而郊迎之問伐蒲對曰可哉公曰吾大夫以為蒲者衛之所以待晉楚也無乃不可乎孔子曰其男子有死之志（公叔氏欲以蒲適他國故男子欲死之不樂適也史記有婦人有保西河之志句蓋婦人恐懼欲保西河無戰意也）吾之所伐者不過四五人矣與本

（公叔同叛者言其易伐也）公曰善卒不果伐（史善下有然字為他下靈公怠政張本）日靈公又與夫子語見飛鴈過而仰視之色不説（猶言不在）孔子乃遊（行也）

衛蘧伯玉賢而靈公不用彌子瑕不肖反任之史魚驟諫而不從史魚病將卒命其子曰吾在衛朝不能進蘧伯玉退彌子瑕是吾為臣不能正其君也生而不能正其君則死無以成禮我死汝置屍牖下於我畢矣其子從之靈公弔焉其子以其父言告公公愕然失容曰是寡人之過也於是命之殯於客位（公乃命殯於西階）進蘧伯玉而用之退彌子瑕而遠之孔子聞之

曰古之列諫者死則已矣未有如史魚死而屍諫忠感其君者也可不謂直乎

五帝德第二十三

宰我問於孔子曰昔者吾聞諸榮伊曰黃帝三百季請問黃帝者迺人也抑非人也何以能至三百季乎孔子曰禹湯文武周公不可勝觀也而上世黃帝之問將謂先生難言之故乎言禹湯文武已下不可勝觀乃問上世黃帝將謂先生長老難之故問之乎宰我曰上世之傳隱微之說卒采之辯卒終也采事也終其事之說也闇忽之意闇忽謂久遠不明也非君子之道者總上四句而言則予之問也固矣固陋不得其問孔子曰可也吾略

聞其說黃帝少昊之子史曰少昊之子少典諸侯國號非人名通鑑作有能國君之子曰軒轅生而神靈弱而能言生七旬曰弱未當能言而言所以為神靈也哲叡齊莊敦敏誠信又有此八者之德長聰明及長聰明則治五氣理五行之氣設五量五量權衡升斛尺丈里步十百撫萬民度四方商度四方而安撫之服牛乘馬擾馴猛獸以與炎帝戰于阪泉之野與神農氏相戰於阪泉三戰而後克之三戰方得勝其戰也始垂衣裳乃服上衣下裳作為黼黻白與黑相次曰黼若斧文黑與青相次曰黻若兩已相背也命風后力牧常先大鴻以治民風后為相力牧為將或曰風后三公力牧相也常先大鴻事未聞今雍州有鴻冢世傳大鴻塟處以順天地之紀知幽明之故達死生存亡之說播時百穀嘗味草木嘗草木之味也

仁厚及於鳥獸昆蟲，考日月星辰（考驗天文度數），勞耳目，勤心力（勞於視聽，勤於心力），用水火財物以生萬民。民賴其利百年而死，民畏其神百年而亡，民用其教百年而移，故曰黃帝三百年。

宰我曰：「請問帝顓頊。」孔子曰：「五帝用說，三王用度（五帝久遠，故用說；三王近，則有法度）。女欲一日徧聞遠古之說，躁哉予也。」

宰我曰：「昔予也聞諸夫子曰：『小子毋或宿。』故敢問（有所當問即問，勿更宿也）。」

孔子曰：「顓頊，黃帝之孫，昌意之子，曰高陽。靜淵而有謀（深沉有才謀），疏通以智（通達有知慮），養財（財或作材）以任地（生養則任土地之宜），履時以象天（順履四時，法象天上），依鬼神而制義明鬼神而制之以義治氣性以教眾謂和其氣性以教百姓絜誠以祭祀蠲潔誠心以祭祀神祇巡四海以寧民以巡行四海以安百姓北至幽都南暨交趾西抵流沙東極蟠木動靜之生小大之物日月所照莫不底屬莫不化也

宰我曰請問帝嚳孔子曰玄枵之孫喬極之子曰高辛生而神異自言其名博施厚利不於其身普施利物不私其已聰以知遠聰聽足以知遠明以察微明視足以察微仁而威惠而信以順天地之義以順天地尊卑之義知民所急知百姓之所急修身而天下服自修其身而天下威服從之取地之財而節用焉取土地所生之財節儉而用之撫教萬民而誨利之歷日月之生朔而迎送

之（歷曆同行次也作曆以明弦望晦朔日月未至而迎之已過而送之）明鬼神之義而敬事之其色也和其德也重其動也時其服也衷春夏秋冬育護天下日月所照風雨所至莫不從化

宰我曰請問帝堯孔子曰高辛之子曰陶唐其仁如天其知如神就之如日望之如雲富而不驕貴而能降伯夷典禮夔龍典樂舜時而仕趨視四時務先民流四凶而天下服（四凶共工驩兜三苗鯀）其言不忒其德不回四海之内舟車所及莫不夷悅

宰我曰請問帝舜孔子曰喬牛之孫瞽瞍之子曰有虞孝友聞於四方陶漁（陶河濱漁雷澤）事親寬裕而溫良敦

敏而知時敦厚敏疾也畏天而愛民敬畏上天愛養子民恤遠而親近承受大命依于二女睿明智通為天下帝命二十二臣詳見舜典率堯舊職恭己而已天平地成巡狩四海五載一始三十年在位嗣帝五十載陟方岳死于蒼梧之野而葬焉

宰我曰請問禹孔子曰高陽之孫鯀之子曰夏后敏給克齊其德不爽其仁可親其言可信聲為律身為度亹亹穆穆為紀為綱其功為百神之主禹治水天下既平然後百神得其所其惠為民父母左準繩右規矩履四時據四海任皋陶伯益以贊其治興六師以征不庭四極之

民莫敢不服孔子曰予大者如天小者如言民説至矣大者如天以下疑應前五帝用説之文今無可者矣予也非其人也言不足以明五帝之德也宰我曰予也不足以敬承矣他日宰我以語子貢子貢以復孔子子曰吾欲以言狀取人也則於滅明改之矣吾欲以言辭取人也則於宰我改之矣吾欲以容貌取人也則於子張改之矣宰我聞之懼弗敢見焉

德也帝也宰我曰予也不足以敬承矣他日宰我以語子

矣市大用指諸然文夫今以年下可哉者聽矣而臣予也非其人也以詔明下王

國莫敢不服孔子曰予大者如天小者如言民說至

孔聖家語圖卷之七

武林後學吳嘉謨集校

五帝第二十四

季康子問於孔子曰舊聞五帝之名而不知其實請問何謂五帝孔子曰昔丘也聞諸老聃曰天有五行水火金木土分時化育以成萬物一歲三百六十日五行每行主七十二日化生長育一歲之功萬物莫不受成其神謂之五帝五帝五行之神佐生物者而讖緯皆為之名字亦妄矣古之王者易代而改號取法五行五行更王終始相生亦象其義法五行終始相生以木德王天下其次以所生之行轉相承而鄭說乃謂五精之帝下生王者無可信也故其生為明王者死而配

五行是以太皞配木炎帝配火黄帝配土少皞配金顓頊配水康子曰太皞其始之木何如孔子曰五行用事先起於木木東方萬物之初皆出焉是故王者則之而首以木德王天下其次則以所生之行轉相承也木生火火生土之屬康子曰吾聞句芒為木正祝融為火正蓐收為金正玄冥為水正后土為土正此五行之主而不亂稱曰帝者何也孔子曰凡五正者五行之官名五行佐成上帝而稱五帝太皞之屬配焉亦云帝從其號屬類也舉太皞以該五帝也天地以五行成萬物必有以尸之故生而有功德於民者殁而祀之以主時事亦從其號而曰帝也昔少皞氏之子有四叔曰重

曰該曰脩曰熙實能金木及水使重為勾芒該為蓐收脩及熙為玄冥顓頊氏之子曰黎為祝融共工氏之子曰句龍為后土此五者各以其所能業為官職各以一行之官為職業之事生為上公死為貴神別稱五祀不得同帝五祀上公之神耳故不得稱帝蓋五正不及五帝五帝不及天地也不識者以祭社為祭地失之遠矣且土與火水俱為五行是地之子也以子為母失尊卑之序矣

言帝王改號於五行之德各有所統則其所以相變者皆主尚也何事在木家而尚赤所以問也孔子曰所尚則各從其所王之德次焉木次火而木家尚赤者以木德仁之著脩其母兼其子也夏后氏以金德王色尚黑金之次水也其色黑大事斂用昏大事喪也昏時色黑

戎事乘驪〔驪馬色黑〕牲用玄殷人用水德王色尚白〔水之次木宜尚青而尚白避土之尚青也蓋土者王於四季五行用事先起於木故尚青〕大事斂用日中〔日中色白〕戎事乘翰〔白馬曰翰〕牲用白周人以木德王色尚赤〔木之次火色赤〕大事斂用日出〔日出時其色赤〕戎事乘騵〔騂馬白腹為騵騂騮同紫馬也〕牲用騂〔騂色赤〕此三代之所以不同康子曰唐虞二帝所尚者何色孔子曰堯以火德王色尚黃〔火之次土尚黃〕舜以土德王色尚青〔土之次金宜尚白而土王於四季五行用事先起於木故尚青〕康子曰陶唐有虞夏后殷周獨不配五帝意者德不及上古耶將有限乎孔子曰古之平治水土及播殖百穀者衆矣唯句龍氏兼〔兼猶配也〕食於社而棄為

稷神易代奉之無敢益者明不可與等故自大皞以降逮于顓頊其應五行而王數非徒五而配五帝是其德不可以多也多猶加也

執轡第二十五

閔子騫為費宰問政於孔子子曰以德以法夫德法者御民之具猶御馬之有銜勒也君者人也吏者轡馬轡也也刑者策也夫人君之政執其轡策而已子騫曰敢問古之為政孔子曰古者天子以內史為左右手掖內史掌王之八柄以詔王治及敘事之法受納訪以詔王聽治凡命諸侯及孤卿大夫則策命之凡四方之事書則讀之王制祿則贊為之以方出之○贊辭也方版也○賞賜亦如之故王以為左右手

也以德法為銜勒以百官為轡以刑罰為策以萬民為馬故御天下數百年而不失善御馬者正銜勒齊轡策均馬力和馬心故口無聲而馬應轡策不舉而極千里善御民者壹其法壹專也正其百官以均齊民力和安民心故令不再而民順從刑不用而天下治是以天地德之天地以為有德而兆民懷之懷歸也夫天地之所德兆民之所懷其政美其民而衆稱之今人言五帝三王者其盛無偶威察若存其威與明察常若存其故何也其法盛盛疑作順其德厚故思其德必稱其人朝夕祝之升聞於天上帝俱歆好也羨也用永厥世而豐其年不能

御民者棄其德法專用刑辟譬猶御馬棄其銜勒而專用箠策其不制也可必矣夫無銜勒而用箠策馬必傷車必敗無德法而用刑辟民必流國必亡治國而無德法則民無脩（飭也）民無脩則迷惑失道如此上帝必以為亂天道也苟亂天道則刑罰暴上下相諛（謟也）莫知念忠（上下）俱無道故也今人言惡者必比之於桀紂其故何也其法不聽（易曰順以聽也）其德不厚故民惡其殘虐莫不吁嗟朝夕祝之升聞于天上帝不蠲（潔也除也）降之䖏罰災害並生用殄厥世故曰德法者御民之本古之御天下者以六官總治焉冢宰之官以成

道冢宰太宰之職天官卿也掌邦治統百官均四海是所以成道也司徒之官以成德徒衆也以主民衆地官卿也掌邦教敷五典擾兆民是所以成德也宗伯之官以成仁春於時為首春官卿也掌邦禮治神人和上下是所以成仁也司馬之官以成聖兵事莫重於馬夏官卿也掌邦治統六師平邦國而曰以成聖者聖功於是成也聖通征伐所以通天下司寇之官以成義群行攻刼曰寇主寇賊法禁秋官卿也掌邦禁詰姦慝刑暴亂而曰成義者義主於斷故也司空之官以成禮主國之空土冬官卿也掌邦土居四民時地利而曰以成禮者司空事官也禮非事不立故曰所以成禮六官在手以為轡車有六轡以喻六官詩曰執轡如組兩驂如儛言動於近而行於遠以喻治也司會均仁以為納納軜同驂馬內轡以繫軾前者司會掌邦之六典八法之貳以周知四方之治冢宰之副也故不在六轡止當軜位故曰御四馬者執六轡御天下者正六官是

故善御馬者正身以總轡均馬力齊馬心回旋曲折唯其所之故可以取（取音促）長道赴急疾此聖人所以御天地與人事之法則也天子以內史為左右手以六官為轡已與三公為執六官均五教齊五法（仁義禮智信之法也）故亦唯其所引無不如志以之道則國治（冢宰治官）以之德則國安（司徒成德教故國安）以之仁則國和（宗伯掌禮禮之用和）以之聖則國平（司馬掌兵平邦國故國平）以之禮則國定（司空掌邦土事物有制故國定也）故以之義則國乂（司寇掌法禁刑罰當罪故國平）此御政之御也過失人情莫不有焉過而改之是為不過故官屬不理分職不明法政不一百事失紀曰亂亂則飭

冢宰飭（謂整攝之也）地利不殖，財物不蓄，萬民饑寒，教訓不行，風俗淫僻，人民流散，曰危，危則飭司徒。父子不親，長幼失序，君臣上下乖離異志，曰不和，不和則飭宗伯。賢能而失官爵，功勞而失賞祿（司勳之職屬之司馬），士卒疾怨，兵弱不用，曰不平，不平則飭司馬。刑罰暴亂，姦邪不勝，曰不義，不義則飭司寇。度量不審，舉事失理，都鄙不脩，財物失所，曰貧，貧則飭司空。故御者同是車馬，或以取千里，或不及數百里，以其所謂（謂一作為）進退緩急異也。夫治者同是官法，或以致平，或以致亂者，亦以其所為進退緩急異也。古者天子常以季冬考德正法以觀治亂德盛者治也德薄者亂也故天子考德則天下之治亂可坐廟堂之上而知之夫德盛則法脩德不盛則飭法與政咸德而不衰（咸皆也衰減殺也左傳曰有等衰是也謂法與政皆合於德而後不減殺之也○殺所責切）故曰王者又以孟春論吏之德及功能能德法者為有德能行德法者為有行（丁孟切）能成德法者為有功能治德法者為有智故天子論吏而德法行事治而成功夫季冬正法孟春論吏治國之要

子夏問於孔子曰商聞易之生人及萬物鳥獸昆蟲各有奇耦氣分不同（易主天地以生萬物物之受氣各有分數不齊同也而凡

人莫知其情，唯達德者能原其本焉。天一地二人三，三三為九，九九八十一，一主日，日數十，故人十月而生。日從一而生，陽數奇也。其數至十而終，自甲至癸，兩其五行也。八九七十二，偶以從奇，奇主辰，辰為月，月主馬，故馬十二月而生。二偶也，以從奇，奇主辰。辰者時也。陽生於子，自子至亥為十二，當月之數。七九六十三，三主斗，斗主狗，故狗三月而生。斗魁衡杓也。魁，斗首四星；衡，斗第五星；杓，斗柄也。○杓，甲遥切。六九五十四，四主時，時主豕，故豕四月而生。四時春夏秋冬。五九四十五，五為音，音主猿，故猿五月而生。五音宫商角徵羽。四九三十六，六主律，律主麋，故麋六月而生。律陰陽各六，黄鐘、太簇、姑洗、蕤賓、夷則、無射、太吕、夾鐘、仲吕、林鐘、南吕、應鐘也。三九二十七，七主星星主虎故虎七月而生星二十八宿經四方方有七宿餘皆以七為紀二九一十八八主風風主蟲故蟲八月而生風主八者條明廢清明景涼閶闔不周廣莫也凡蟲從風生其餘各從其類矣鳥魚生於陰而屬於陽故皆卵生魚遊於水鳥遊於雲故立冬則鷰雀入海化為蛤蠶食而不飲蟬飲而不食蜉蝣不飲不食萬物之所以不同介鱗夏食而冬蟄介甲蟲也齕吞者八竅而卵生禽鳥之屬齕下沒切齟齬者九竅而胎生人獸之屬四足者無羽翼戴角者無上齒無角無前齒者膏無角無後齒者脂淮南取此義曰無角者膏而無前有角者脂而無後膏豕屬而脂羊屬無前後皆謂其銳小者也晝生者類父夜生者似母是以至

陰主牝至陽主牡敢問其然乎孔子曰然吾昔聞老眀亦如女之言子夏曰商聞山書曰地東西為緯南北為經横曰緯直曰經山為積德川為積刑山專生育川時漂蕩高者為生下者為死高受陽下伏陰丘陵為牡谿谷為牝丘陵形凸谿谷形凹蚌蛤龜珠與月為盛虛盛一作盈盈虛謂肉之消長從陰之精也是故堅土之人剛強稟之土為堅○稟力質切弱土之人柔輕爂之土為弱爂脆也紲招切墟土之人大墳衍曰墟沙土之人細勃壤之土為沙勃興起貌壤柔土也息土之人美埴壚之土為息埴黏也壚黑而疏也秏土之人醜秏與耗同鹹瀉曰秏一曰土之麤疏也食水者善遊而耐寒食土者無心而不息不喘息也食木者多力而不治氣血不理淮南子曰多力而拂戾亦不治

之意食艸者善走而愚食桑者有緒而蛾食肉者勇敢而悍食氣者神明而壽食穀者知慧而巧不食者不死而神故曰羽虫三百有六十而鳳為之長毛虫三百有六十而麟為之長甲虫三百有六十而龜為之長鱗虫三百有六十而龍為之長倮虫三百有六十而人為之長按羽離宮火屬鳳鶉火之禽毛兌宮金屬麟玄枵之獸甲一作介水居陸生坎宮水屬龜玄溟之使鱗震宮木屬龍角亢之精倮中宮土屬乾之策二百一十有六坤之策百四十有四凡三百六十當朞之日天地之數不過乎此故五方之物其數亦如之至於人若萬物之靈故其身之骨節氣息運動屈信皆與天地之數相准而方圓四肢五藏九竅亦與天地四時五行九觧相准則不但長倮虫而已此乾巛古坤字象六斷之形之美也殊形異類之數王者

動必以道動靜必以道靜必順理以奉天地之性而不害其所主主一作生謂之仁聖焉子夏言終而出子貢進曰商之論也何如孔子曰汝謂何也對曰微則微矣然非治世之待也待猶急也孔子曰然各其所能言固非治世之急務然亦各言其所能知

本命解第二十六

魯哀公問於孔子曰人之命與性何謂也孔子對曰分於道謂之命道之大原出於天天之所賦謂之命分謂物各賦之也形於一謂之性易曰成之者性也謂氣已形而理寓於氣則陰陽剛柔各一其性矣化於陰陽象形而發謂之生精氣為物聚為有象故生化窮數盡謂之死游魂

爲變散入無形故死故命者性之始也死者生之終也易曰原始反終故知死生之說性由命而始生以死而終也有始則必有終矣人始生而有不具者五焉目無見不能食不能行不能言不能化及生三月而微煦煦睛轉也王曰睛人也○煦子句切然後有見七月一作八月而生齒然後能食朞而生臏臏膝耑也婢忍切然後能行三秊顋合顋頂門思晉切然後能言十有六精通然後能化化施化也陰窮反陽故陰以陽變陽窮反陰故陽以陰化是以男子八少陰之數月生齒八歲而齔齔毀齒也二八而化女子七少陽之數月而生齒七歲而齔二七而化一陰一陽奇偶相配陰數偶陽數奇然後道合化成性命之端形

於此也公曰男子十六精通女子十四而化是則可以生民矣而禮男子三十而有室女子二十而有夫也豈不晚哉孔子曰夫禮言其極不是過也男子二十而冠有為人父之端女子十五許嫁有適人之道於此而往則自婚矣羣生閉藏乎陰以（以一作而）為化育之始（陰冬也萬物翕聚於冬所以為發育之始也）故聖人因時以合偶男女窮天數之極（時謂婚姻之時窮天數承上文極字而言蓋參兩者天地之數三十二十而後合偶者窮天數之極也一說時即下文季秋冰泮之義承閉藏於陰而言）霜降而婦功成嫁娶者行焉（季秋霜降嫁娶者始於此詩云將子無怒秋以為期也）冰泮而農桑起婚禮而殺於此（泮解也正月農事起蠶者采桑婚禮始殺言猶未止）

也至二月農事已起乃會男女之無夫家者奔者期盡此月故也詩云士如歸妻迨冰未泮言如欲使妻
歸及冰未泮散之盛時也男子者任天道而長萬物者也乾知大始男乾
道也知可為知不可為知可言知不可言知可行知不
可行者是故審其倫而明其別謂之知所以效匹夫
之聽聽宜為德女子者順男子之教而長其理者也坤作成物
女道坤也是故無專制之義有三從之道幼從父兄既嫁
從夫夫死從子言無再醮之端飲無酬酢曰醮禮女子當嫁父母醮而命
之無再醮之端統言不改事人也教令不出於閨門禮女不言外也事在共
酒食而已易曰無攸遂在中饋無閨外之非儀也閨門限也婦人以自專為
與閨外之事詩云無非無儀酒食是議言婦人得無非足矣有善則亦非其所宜也不越境而

奔喪，事無擅為，行無獨成，（行，下孟切）參知而後動，可驗而後言，晝不遊庭，夜行以火，所以效匹婦之德也。孔子遂言曰：女有五不取：逆家子者，（謂其逆德）亂家子者，（謂其亂倫）世有刑人子者，（謂其棄於人也）有惡疾子者，（謂其棄於天也）喪父長子者。（謂其無受命也）婦有七出、三不去。七出者：不順父母者，（謂其逆德也）無子者，（謂其絕世也）淫僻者，（謂其亂族也）嫉妒者，（謂其亂家也）惡疾者，（此以取而後有疾者言，謂其不可共祭）多口舌者，（謂其離親）竊盜者。（謂其反義）三不去者：謂有所取無所歸，（一也）與共更三年之喪，（二也）先貧賤後富貴。（三也）凡此聖人順男女之際，（順慎通際交際之道）重婚姻之始也。

孔子曰禮之所以象五行也服之制有五等其義四時也記喪有四制變而從宜以順人情四制謂下之恩義節權故喪禮有舉焉有恩有義有節有權其恩厚者其服重故為父母斬衰三年以恩記曰恩者仁也制者也門內之治恩揜義父母之喪二年不從政門外之治義揜揜記作斷恩服君之喪不敢私服資於事父以事君而敬同貴貴尊尊義之大也故為君亦斬衰三年以義記曰義者理也制者也三日而食三月而沐期而練冠也毀不滅性不以死傷生喪不過三年齊衰不補墳墓不脩除服之日記作大祥之日鼓素不漆飾也琴示民有終也凡此以節記曰節者禮也制者也資於事父以事母而愛同天無

二日國無二君家無二尊以一治之故父在為母齊衰朞者見無二尊也疏曰齊衰之服期而除之以心喪終三年也百官備百物具不言而事行者扶而起此天子諸侯禮也言而後事行者杖而起此卿大夫士禮也身自執事行者面垢而已此庶人身自執事不可許病故有杖不用但使面有塵垢之容而已此以權記曰權者知也制者也此百官以下論所以設杖之義蓋為有爵者扶病而設其爵有等故其用亦異所謂以權制也親始死三日不怠三月不解朞悲號記作哀三年憂哀記作恩之殺也聖人因殺以制節也此篇於本命無所屬錯簡疑在曲禮子貢問章之列

論禮第二十七

孔子閒居，子張、子貢、言游侍，論及於禮。孔子曰：居，女三人者，吾語女以禮，使女以禮周流無不徧也。（言無不可施也）子貢越席而對曰：敢問。子曰：敬而不中禮謂之野，恭而不中禮謂之給，（給口捷也）勇而不中禮謂之逆。（謂悖逆也）子曰：給奪慈仁。（似是而非，聖人尤惡而特言之）子貢曰：敢問將何以為此中者也？子曰：禮乎！夫禮所以制中也。子貢退，言游進曰：敢問禮也者，領惡而全好者與？（領，統理也）子曰：然。然則何如？（言游問也）子曰：郊社之禮，所以仁鬼神也；（禮之行以敬，必有愛而無私之心存焉，所以主乎敬也，故曰人而不仁如禮何，下放此）禘嘗之禮，所以仁昭穆也；饋奠之禮，所以仁死喪也；（饋奠禮，奠祭也）

射饗之禮所以仁鄉黨也（鄉射鄉飲行於鄉黨）食饗之禮所以仁賓客也（燕會所以樂賓）明乎郊社之禮禘嘗之義治國其如指諸掌而已是故以（以也）用之居家（句下同）有禮故長幼辨以之閨門有禮故三族和（三族謂父子兄弟夫婦也）以之朝廷有禮故官爵序以之田獵有禮故戎事閑（記天子教田獵以習五戎蒐田獵者所以簡集士衆教以戰法也閑習熟也）以之軍旅有禮故武功成是以宮室得其度鼎俎得其象（制器尚象物一作味）物得其時樂得其節（樂而不淫）車得其式（車一器而衆工聚焉式法等威皆為禮也）鬼神得其饗喪紀得其哀辯說得其黨（黨類也）百官得其體政事得其施（施當其可）加於身而措於前（措與錯同）凡衆

之動得其宜也言游退子張進曰敢問禮何謂也子曰禮者即事之治也治理也君子有其事必有其治治國而無禮譬猶瞽之無相倀倀倀倀無見貌又失道貌止良切乎何所之譬猶終夜有求於幽室之中非燭何以見故無禮則手足無所措耳目無所加進退揖讓無所制是故以之居處長幼失其別閨門三族失其和朝廷官爵失其序田獵戎事失其策軍旅武功失其勢宮室失其度鼎俎失其象物物一作味失其時樂失其節車失其式鬼神失其饗喪紀失其哀辯說失其黨百官失其體政事失其施加於身而措於前凡衆之動失其

宜如此此則無以祖洽四海祖始也率也洽合也言無以祖率於衆而使之協也

子曰慎聽之女三人者吾語女禮猶有九焉大饗有四焉禮有九其四者待賓之禮其五者動靜之威儀也大饗有四郊社禘嘗饋奠射饗也苟知此知謂明其理也矣雖在畎畝之中事事謂習其儀也之句聖人矣言可以進於聖人禮樂之道也兩君相見揖讓而入門入門而縣興縣樂器之縣於簨簴者與作也○一也揖讓而升堂升堂而樂闋主獻賓酒賓卒爵而樂止○二也下管象舞夏籥序興下管象舞之上缺升歌清廟一句疑省文耳下管堂下以管吹象舞曲也象武舞也夏籥以籥吹大夏曲也夏文舞也序興謂夏籥與象舞更迭而作也○三也陳其薦俎序其禮樂備其百官王曰此四也○按疏以饗禮之四一是賓卒爵而樂闋二是賓酢主卒爵而樂又闋三是升歌清廟四是下管象舞陳其薦俎

以至百官總言纔禮明其所得專也如此而後君子知仁焉凡為天理之節知禮則知仁矣行中規五也旋中矩六也鑾和中采薺采薺路外樂曲名所以為鑾和之節○七也○薺才資切客出以雍雍周頌樂曲名○八也徹以振羽禮畢而徹則歌振羽之曲○九也是故君子無物而不在於禮焉入門而金作示情也金聲始終若一故示情觀此主賓獻酬而樂凡二闋為二節者良是故下止言升歌下管二禮升歌清廟示德也清廟所以頌文王之德也下管象舞示事也凡舞所以象事是故古之君子不必親相與言也以禮樂相示而已按疏曰示情者欲其相接示德者欲其相示事者欲其相成也夫禮者理也樂者節也無禮不動動而不亂無節不作作而不流不能詩於禮謬其猶面牆禮能不謬乎不能樂於禮素質朴無文於

德薄於禮虛苟非其人禮不虛行欲其不亂不流其可得乎子貢作而問曰

然則夔其窮與窮不通也言夔通於樂而不能通於禮也子曰古之人與蓋許之也上古之人達於禮而不達於樂謂之素達於樂而不達於禮謂之偏謂不能徧有所達也夫夔達於樂而不達於禮是以傳於此名也典樂之名古之人也重言許之凡制度在禮文為在禮行之其在人乎三子者既得聞此論也煥若發矇焉

子張問聖人之所以教孔子曰師乎吾語女聖人明於禮樂舉而措之而已子張又問孔子曰師爾以為必布几筵揖讓升降酌獻酬酢然後謂之禮乎爾以

必行綴朱劣切非執羽籥作鐘鼓然後謂之樂乎言而可履禮也行而可樂樂也聖人力此二者以躬恭也親也已南面是故天下太平萬民順伏百官承事上下有禮也夫禮之所以興衆之所以治也禮之所以廢衆之所以亂也目巧之室則有隩阼言目巧作室必有隩阼之位室西南隅之謂隩阼東階也○隩於到切席則有上下車則有左右行則有茲隨立則有列序古之義也室而無隩阼則亂於堂室矣席而無上下則亂於席次矣亂於席上之次第車而無左右則亂於車上矣行而無茲隨則亂於階塗矣列而無次序則亂於著矣著所立之位也門屏之間謂之著也昔者明王

聖人辨貴賤長幼正男女內外序親疎遠近而莫敢相踰越者皆由此塗出也

孔聖家語圖卷之八

武林後學吳嘉謨集校

觀鄉射第二十八

孔子觀於鄉射，喟然嘆曰：射之以禮樂（郊特牲無禮字也）何以射（謂何能容比於禮，而又不失樂之節）何以聽（謂何能節於樂，而又不失其容乎，皆言其難而美之也）循聲而發，發而不失正（正，諸成切）鵠者，其惟賢者乎（正鵠，所射之的）若夫不肖之人，則將安能以求飲？詩云：發彼有的，以祈爾爵（詩小雅賓之初筵之辭。的，實也。祈，求也。言發中的以求飲，不中者飲，彼則已不飲，故曰以辭爵也）祈，求也，求中所以辭爵。酒者，所以養老，所以養病也，求中以辭爵，辭其養也（不敢當養，讓之道也。是

故士使之射而弗能則辭以病縣弧之義也男子初生則縣
弧於門明必有射事而未能今辭以疾而未能則猶存縣弧之義也於是退而與門人
習射於矍相矍相地名〇矍厥縛切相息亮切之圃蓋合也觀者如口堵
牆焉言圍繞而之者衆也觀射至於司馬鄉飲之禮將旅酬使相者一人為司正至
將射則轉正為司馬使子路執弓矢出列延射者曰延進也誓衆選賢而
進其來觀欲射之人也奔軍之將奔一作賁與僨同覆敗也亡國之大夫亡國
亡其君之國也與羊茹切為人後者人固有後而又為之後故曰與不得入入乃
比耦以初在門外未入觀者既衆有賓主之禮故誓惡者令不得入也奔軍亡國求為人後不忠不孝之
人惡之大者也其餘皆入蓋去者半記有入者半又使公罔之裘
序點公罔姓裘名之語辭序姓點名揚觶而語王曰先行射鄉飲酒禮主人揚觶記疏亦

曰射畢則使主人之贊者二人舉觶於賓與大夫○二說似於射義未協按儀禮司射請射賓子弟納射器後有司馬延射升二人揚觶二儀節具語辭並與此同則孔子所行乃古射禮也

公罔之裘揚觶而語曰幼壯孝弟耆老好禮不從流俗脩身以俟死者在此位蓋去者半記有處者半序點揚觶而語曰好學不倦好禮不變旄期稱道而不亂者在此位延射舉忠孝大端揖觶則愈密矣蓋僅有存焉射既闋子路進曰由與二三子者之為司馬何如孔子曰能用命矣

孔子曰吾觀於鄉而知王道之易易也主人親速賓及介速召也而眾賓從之至於正門之外主人拜賓及介而眾賓自入貴賤之義別矣三揖至於階三讓以

賓升拜至獻酬辭讓之節繁及介升則省所景切矣介所以輔主也至於衆賓升而受爵坐祭立飲不酢而降殺之義辨矣酌賓曰獻荅主人曰酢又荅賓曰酬介酢而不酬衆賓飲而不酢降殺之等也工入升歌三終主人獻之工入升堂歌鹿鳴四牡皇皇者華每篇一歌一終則主人乃酌以獻工焉笙入三終主人又獻之吹笙者入堂下奏南陔白華華黍亦每篇一終主人亦酌以獻之也間歌三終笙與歌皆畢則堂上與堂下更代而作工歌魚麗笙由庚工歌南有嘉魚笙崇丘工歌南山有臺笙由儀合樂三闋謂堂上下歌瑟及笙並作也工歌關雎則笙吹鵲巢合之工歌葛覃則笙吹采繁合之工歌卷耳則笙吹采蘋合之工告樂備而遂出樂正既告賓以樂備而降言遂出者樂正自此不復升堂也一人揚觶乃立司正焉賓欲去將行旅酬之事乃使一人揚觶立相禮者為司正以主威儀防惰容也知其能

和樂而不流也。賓酬主人，主人酬介，介酬衆賓，少長以齒，終於沃洗者焉，知其能弟長而無遺矣。賓酬主以下行旅酬也。未歌之前，及介而省衆賓不酢，以明降殺。至旅酬，則雖條洗之賤，亦以齒序，而弟長之無遺矣。降說說音脫屨，升坐，脩舉也爵無算。飲酒之節，旰不廢朝，莫莫故切不廢夕。王曰旰，晨飲早晡也。記註朝以聽政，夕以脩令，良是。賓出，主人拜送，節文終遂遂猶申也焉，知其能安燕而不亂也。前此未徹俎，立而行禮，至此乃屨升坐而燕也。舉爵雖無算，而不廢朝夕之政令，禮畢送賓，而終申節文之禮，則安燕不亂矣。而貴賤既明，降殺既辨，和樂而不流，弟長而無遺，安燕而不亂，此五者足以正身安國矣。彼國安而天下安矣。故曰：吾觀於鄉而知王道之易易也。

子貢觀於蜡蜡索也歲十有二月索群神而祀之也○蜡助駕切孔子曰賜也樂乎對曰一國之人皆若狂言醉亂也賜未知其為樂也孔子曰百日之勞一日之樂一日之澤非爾所知也古者民皆勤苦稼穡言百日者喻久也今一日使之飲酒爲樂之見君子之澤也張而不弛解也周禮作施文武弗能弛而不張文武弗為一張一弛文武之道也

郊問第二十九

定公問於孔子曰古之帝王上古五帝三王必祀其祖以配天何也孔子對曰萬物本乎天人本乎祖郊之祭也大報本反始也報者酬之以禮反者追之以心故以配上帝萬物皆天之所

在爲人則祖之所生祖與天皆吾有生之本始安天可不知報之反之故郊祀其所出之祖以配上帝

垂象日月星辰在天成象聖人則之郊所以明天道也公曰人聞郊而莫同何也孔子曰郊之祭也迎長日之至也周人以冬至日長故迎而祭之大報天而主日配以月天尊而不可主以事有祀必有配而天象莫大乎日月故主日而配以月故周之始郊其月以日至其日用上辛至於啓蟄之月則又祈穀于上帝祈求也爲農祈穀于上帝月令孟春之月乃以元日祈穀于上帝是也魯無仲冬大郊之事至於祈農與天子同故春秋傳曰郊祀后稷以祈農事是也故啓蟄而郊郊而後耕說者不知推經禮拮歸而妄爲之說顛倒神祇變易特日遷改兆位良可痛也此二者天子之禮也魯無冬至大郊之事降殺於天子是以不同也公曰其言郊何也孔

手曰兆丘於南所以就陽位也於郊故謂之郊焉兆封
土也兆丘於南謂之圜丘兆之於南郊也然郊之名
有三封為圜丘以象天自然故謂之圜丘圜丘人之
所造故謂之泰壇於南郊在南也說者謂南郊與圜
丘異則是詩易尚書謂圜丘也又不通泰壇之名或
乃謂周官圜丘皆虛一間之言不通與制此王排鄭氏
之說而以圜丘泰壇一物而兩名也按通考陳氏禮
書則以南郊之丘圜而高者為圜丘所以象天之自
然祭以自然之丘以致敬也南郊為壇以燔柴為泰
壇燔以人為之壇以盡文也而以祭地之方澤瘞埋
之泰折隹之則燔柴瘞埋必與丘澤為二處而丘與
壇非一物也曰其牲器何如孔子曰上帝之牛角繭栗必
在滌三月后稷之牛唯具為如繭栗犢也滌牢中清陰之聽也不在滌三月不
可為帝牛故稷牛亦在滌中若至期卜牲不吉即以
稷牛代之其稷牛臨時別取不必三月故云惟具○
滌杜歷切所以別事天神與人鬼也人鬼謂后稷也牲用騂尚赤

也騂赤色周尚赤按周禮陽祀用騂牲陰祀用黝牲天陽亦一義也用犢貴誠也誠一

祚神謂神完也埽地而祭於其質也按禮器曰至敬不壇埽地而祭謂正祭在圜丘之地不在泰壇壇乃人為以盡文則非質也器用陶匏以象天地之牲陶本於埴匏取其圜埴黏土也萬物無可稱之者故因其自然之體也

公曰天子之郊其禮儀可得聞乎孔子對曰臣聞天子於郊則受命於祖廟而作龜於禰宮郊大事不敢專先告于祖廟受命又至禰廟卜之作灼龜非也尊祖親考之義也卜之日王親立于澤宮以聽誓命擇宮擇賢宮也王既受命于祖廟而止已言又至澤宮使有司誓勅祭禮與章而親聽之受教諫之義也誓命祖教也使有司申勅之受諫也既卜獻命庫門之內所以誡百官也庫門在雉門之外王自澤宮至庫門之內有司

獻王之誓命以申勅與祭之百官所以命誡百官也將郊則天子皮弁以聽報示民嚴上也皮弁視朝之服報當祭之候未郊之日服祭服而聽報亦以朝服臨之喪者不敢哭凶服者不敢入國門記掃清路郊特牲作反道即清路之義言反新上于上也記似凡泛有三音遍也行者必止清路以新土無復行也特牲有鄉為田燭四字具潦以照路也弗命而民聽敬之至也通結喪者不哭以下言不令而行民化嚴上之教也天子大裘以黼之按周禮王祀天被龍袞以襲裘以有象天之文故彼之道路至泰壇而後脫之乘素車貴其質也按虞書天子五路此素車疑木輅也而書圖王輅太常之制以專其祭祀則此當為王輅旂十有二旒書作旂龍章而設以日月所以法天也旂太常也縿用正幅屬十二斿斿旂之末垂者背畫交龍三辰之法大法天象也既至泰壇王脫裘矣服袞以臨燔

柴積柴泰壇加牲玉燎之以達氣戴冕璪按說文璪玉飾也以五采玉五為之而貫以五采絲繩記作藻蓋言采絲繩也○璪子皓切則天數也天之大數不過十二臣聞之誦詩三百不足以一獻祭祀小禮一獻之禮不足以大饗祫祭也大饗之禮不足以大旅祭五帝大旅具矣不足以饗帝祭天也是以君子無敢輕議於禮者也學詩能言而言不足以盡祭禮之意其義深也

五刑解第三十

冉有問於孔子曰古者三皇五帝不用五刑信乎孔子曰聖人之設防貴其不犯制五刑而不用所以為至治也凡夫猶常人也之為姦邪竊盜靡滅也法妄行者生

於不足，不足生於無度，無度則小者偷盜，大者侈靡，各不知節。是以上有制度，則民知所止；民知所止，則不犯。故雖有姦邪盜賊靡法妄行之獄，而無陷刑之民。不孝者生於不仁，不仁者生於喪祭之無禮。明喪祭之禮，所以教仁愛也。能教仁愛，則喪思慕，祭祀不解人子饋養之道也。言孝子春祭祀不敢解，即生時饋養之道也。喪祭之禮明，則民孝矣。故雖有不孝之獄，而無陷刑之民。弒上生於不義，義所以別貴賤、明尊卑也。貴賤有別，尊卑有序，則民莫不尊上而敬長。朝聘之禮者，所以明義君臣之義也。義必明，則民不犯。故雖有弒上之獄，而無陷刑之民鬬變者生於相陵相陵者生於長幼無序而遺敬讓鄉飲酒之禮者所以明長幼之序而崇敬讓也長幼必序民懷敬讓故雖有鬬變之獄而無陷刑之民淫亂者生於男女無別男女無別則夫婦失義昏禮聘享者所以別男女明夫婦之義也男女既別夫婦既明故雖有淫亂之獄而無陷刑之民此五者刑罰之所以生各有源焉不豫塞其源而輒繩之以刑是謂為民設穽而陷之刑罰之源生於嗜慾不節夫禮度者所以禦民之嗜慾而明好惡順天之道禮度既陳五教畢脩而民猶或未化尚必明其法典

以申固之申令以固其數其犯姦邪靡法妄行之獄者。則飭制量之度。有犯不孝之獄者。則飭喪祭之禮。有犯殺上之獄者。則飭朝覲之禮。有犯鬭變之獄者。則飭鄉飲酒之禮。有犯淫亂之獄者。則飭昏聘之禮。三皇五帝之所以化民者如此。雖有五刑。不用不亦可乎。孔子曰。夫罪有五。而殺人為下。逆天地者。罪及五世。誣文武者。罪及四世。逆人倫者。罪及三世。謀議也鬼神者。罪及二世。手殺人者。罪及其身。故曰大罪有五。而殺人為下矣。

冉有問於孔子曰。先王制法。使刑不上於大夫。禮不

三八八

下於庶人然則大夫犯罪不可以加刑庶人之行事不可以治於禮乎孔子曰不然凡治君子以禮御其心所以厲之以廉耻之節也故古之大夫有坐不廉汙穢而退放之者不謂之不廉汙穢而退放則曰簠簋不飭有坐淫亂男女無別者不謂之淫亂男女無別則曰帷幕不脩也有坐罔上不忠者不謂之罔上不忠則曰臣節未著有坐罷軟不勝任者不謂之罷軟不勝任則曰下官不職（言其下官不稱職不斥其身也）有坐干國之紀者不謂之干國之紀則曰行事不請此五者大夫既自定有罪名矣而猶不忍斥然正以呼之也（直指

其罪而正之也既而為之諱所以愧耻之是大夫之罪其在五刑之域者按誼傳作大譴大訶譴謫也訶怒也聞而譴發罪聞於上而譴責發露之也按誼傳作聞譴訶則是大夫闚上之譴訶而與下文聞命自弛白裁之義同良是則白冠氂纓氂氂牛尾毛之強曲旹也盤水加劍明君法平而已當自刎也造乎闕誼傳作造請室而自請罪君不使有司執縛牽掣而加之也按誼傳加當作行謂係引而行也其下又有其中罪者聞命而自弛君不使人頸盭而加之也二十字此蓋闕中罪一節而誤也弛廢也頸盭師古曰以綏盭其頸而加刀鋸則又甚於執縛係引矣其有大罪者聞命則北面再拜跪而自裁君不使人捽引引誼傳作抑捽持其髮抑按之則又甚於頸盭矣而刑殺之也曰子大夫自取之耳吾遇子有禮矣以刑不上大夫而大夫亦不失

其罪者教使然也所謂禮不下庶人者以庶人遽其事而不能充禮遽忽也充用也故不責之以備禮也冉有跪然跪拜也去委切免避也席曰言則美矣求未之聞退而記之

刑政第三十一

仲弓問於孔子曰雍聞至刑無所用政任刑則政察也至政無所用刑政善則刑錯也至刑無所用政桀紂之世是也至政無所用刑成康之世是也信乎孔子曰聖人之治化也必刑政相參焉太上以德教民而以禮齊之其次以政事道民以刑禁之刑不刑也刑設而不用也化之弗變道之弗從傷義而敗俗於是乎用刑矣顓顓顓制也五

刑必即天倫即就也謂合天意也行刑罰則輕無赦行刑罰之官雖輕猶不得作威福也刑侀也侀成也言侀與形同不可變壹成而不更故君子盡心焉人命至重惟刑不可更故君子所必慎也仲弓曰古之聽訟尤罰麗於事不以其心可得聞乎王曰尤過也麗附也有過而罰之必以事相當不由其心也○一說有罪過當誅使罰與事相附麗乃刑當其罪孔子以下明麗事而不由其心也

孔子曰凡聽五刑之訟必原父子之情立君臣之義以權之意論輕重之序慎測淺深之量以別之悉其聰明正其忠愛以盡之大司寇正刑明辟以察獄獄必三訊焉一曰訊羣臣二曰訊羣吏三曰訊萬民也有指無簡則不聽也王曰簡誠也有意無其誠若不論以為罪也○一說當決之罪三訊然後決其輕重若有發露之肯無簡

數之實則不聽決也附從輕赦從重
王曰附人之罪以輕爲比赦人之罪以重爲比○一
說不聽者難於出而附以罪則從輕使不失入可疑出而赦其罪則從重使不失出即前輕無赦之意
獄則泛與衆共之疑則赦之皆以小大之比成也比猶
例也因其罪之大小各以其例察而成之惟其公也比毗志切
是故爵人必於朝與
衆共之也刑人必於市與衆弃之也古者公家不畜
刑人大夫弗養也士遇之塗以弗與之言屏諸四方
唯其所之不及與政弗欲生之也言與衆弃之也仲子曰聽
獄獄之成成何官孔子曰成獄成於吏吏以獄成告
於正吏獄官吏正獄官長正既聽之乃告大司寇聽之乃奉於
王王命三公卿士參聽棘木之下外朝法左九棘孤卿大夫位焉古九

棘公侯伯子男位焉面三槐三公位然後乃以獄之成疑定也○宜戟切於王

王三宥之以聽命君王尚寬宥罪雖已定猶三宥之不可得輕然後刑之者也三宥一不識二過失三遺忘也而制刑焉所以重之也仲弓曰其禁何

禁孔子曰巧言破律巧賣法令者也遁名改作變言與物名也執左

道以亂政者殺左道邪也作淫聲淫逸也惑亂人之聲造異服非所常見

設伎奇器以蕩上心者殺設巧異眩耀人心之器○眩奇也柯開切行僞

而堅行詐僞而守之堅也言詐而辯學非而愽順非而澤順其非而

滑澤以惑衆者殺假於鬼神時日卜筮以疑衆者殺此

四誅者不以聽不聽棘木之下仲弓曰其禁盡於此而已孔

子曰此其急者其餘禁者十有四焉命服命車不粥

於市（粥賣也 余六切）珪璋璧琮不粥於市宗廟之器不粥於市兵車旍旗不粥於市犧牲秬鬯不粥於市布帛精麤不中數廣狹不中量不粥於市姦色亂正色不粥於市文錦珠玉之器雕飾靡麗不粥於市衣服飲食不粥於市（賣成衣服非侈必僞故禁之禁賣熟食所以防侈也）果實不時不粥於市五木不中伐不粥於市鳥獸魚鼈不中殺不粥於市凡執此禁以齊衆者不赦過也

禮運第三十二

孔子爲魯司寇與於蜡既賓（徹俎而享曰賓）事畢乃出遊於觀之上（觀宮門外闕周禮所謂象魏者也）喟然而嘆言偃侍曰夫子

何嘆也孔子曰昔大道之行（此謂三皇五帝時大道行也）與三代之英（秀也謂禹湯文武也）吾未之逮也（逮及見）而有記焉（聞而知之）大道之行天下爲公選賢與能講信脩睦（賢能可選即與之習誠信脩親睦不私其有也）故人不獨親其親不獨子其子（所謂大道天下爲公）老有所終壯有所用矜（鰥同）寡孤疾皆有所養貨惡其弃於地不必藏於己力惡其不出於身不必爲人（言力惡其不出於身不以爲德惠於人而爲之也）是以姦謀閉而不興盜竊亂賊不作故外戶而不閉謂之大同今大道既隱天下爲家各親其親各子其子貨則爲己力則爲人大夫世及以爲常城郭溝池以爲固禹湯文武周王周公由

此而選（言用大道而禮所由出所以爲選也）未有不謹於禮禮之所與與天地並如有不由禮而在位者則以爲殃（記有此謂小康四字）言偃復問曰如此乎禮之急也孔子曰夫禮先王所以承天之道以治人之情（記有本於天殺於地）列於鬼神達於喪祭鄉射冠昏朝聘故聖以禮示之則天下國家可得而正矣言偃曰今之在位莫知由禮何也孔子曰嗚呼哀哉我觀周道幽厲傷之（幽厲二王者皆傷周道也）吾捨魯何適（魯有聖人之風猶勝諸國也）夫魯之郊及禘皆非禮（言失於禮而亡其義）周公其已衰矣（子孫不能行其禮義故也何孟春曰春秋意林謂魯之郊禘非成王之賜伯禽之受伯禽受封傳世二十二至魯惠王始有請郊廟之事乎王使史角止之使成王時魯

巳得郊則惠公奚用請之按魯史惠隱桓莊閔僖六公相繼而立惠公之四十六年乃周平王之四十九年即隱公之元年隱公四年初獻六羽爲周桓王之元年至僖公魯頌有稱美郊祀之事僖公元年爲周惠王十八年去成王益遠矣要之郊禘之事惠公之得請在平王之末年隱公攝位而改正之桓莊之後僖公復僭用之詩與春秋乃孔子之所刪定良可考也何孟春歷引魯頌君陳春秋以明成王無肯壞周公禮樂之事三經之語宜皆不繆也杞之郊也禹杞夏后本郊鯀周公以鯀非令德故令杞郊禹郊禹與廟制不同此以周公所制言也宋之郊也契是天子之事守也禹契所行之事杞宋得守而行之天子以杞宋二王之後周公攝政致太平而與天子同是禮也魯本難同於杞宋夫子於此不正言其失矣也如作耶諸侯祭社稷祀上有天子祭天地句宗廟上下皆奉其典而祝嘏莫敢易其常法是謂大嘉祥也令使祝嘏辭

說徒藏於宗祝巫史非禮也按周禮太宗伯詔相王之大禮言君臣皆當知辭說之意義相而行之是謂幽國幽廢於禮醆斝及尸君非禮也夏曰醆殷曰斝非王者之後則尸與君不得用是謂僭君僭侈之君冕弁兵車藏於私家非禮也大夫稱家冕弁祭服按禮曰天子諸侯大夫冕弁服歸設奠復此謂不得賜而藏之也兵車帶說是謂脅君迫於其君大夫具官祭器不假聲樂皆具非禮也大夫家臣不能具官無田不能為祭器今皆不假按周禮大夫不用樂君賜乃有之是為亂國故仕於公曰臣仕於家曰僕三年之喪與新有婚者朞不使也君不使之所以使服色順人情也以衰裳入朝與家僕雜居齊齒非禮也是謂臣與君共國不居衰於家是以君朝為家也與僕並列於朝是與家臣同朝也天子有田以處其子孫

諸侯有國以處其子孫大夫有采以處其子孫是謂制度天子子孫有功者封侯餘分以畿內之田諸侯子孫命為卿大夫其餘有功德者亦賜采地大夫不當割采地以與子孫但養以采地之祿天子適諸侯必舍其宗廟而不以禮籍入是謂天子壞法亂紀天子適諸侯將舍其宗廟必先告其鬼神以將入不以天子而慢人之宗廟禮也不以禮籍入是自壞也諸侯非問疾弔喪而入諸臣之家是謂君臣爲謔謔戲夫禮者君之柄柄亦秉持所以別嫌明微儐擯同鬼神考制度列仁義立政教安君臣上下也故政不正則君位危君位危則大臣倍小臣竊刑肅而俗敝刑怏則民無恥則法無常法無常則禮無別禮無別則士不仕一作事不修職也民不歸是謂疵

國是故夫政者君之所以藏身也言所藏於身不必可以假於人也本之天效以降命效天以下教令所謂則天之明命降於社之謂教地所謂因地之利教作般即效也降於祖廟之謂仁義奉祖廟彌近彌親彌遠彌尊仁義之道也降於山川之謂興作下命所謂祭山川者謂其興造雲雨作生萬物也降於五祀之謂制度下命使事五祀者以其能為人事之制度此聖人所以藏身之固也藏身以此則固聖人參於天地並於鬼神以治政也處其其指天地鬼神下同所存禮之序也翫其所樂民之治也言聖人常法其所存此禮之所以序也常法其所樂此民之所以治安也天生時地生財人其父生而師教之四者君以政記作正用之所以立於無過之地言在人君先正其身也君者人所明記作

則非明則人者也人所養非養人者也人所事非事
人者也夫君者明則人則有過失其師教之責故養人則不
足時君失政不能給其養事人則失位故百姓明則君以自治
養君以自安事君以自顯是以禮達而分定人皆愛
其死而患其生人皆愛惜其死而患其生之無禮也是故用人之智去
會也下同其詐用人之勇去其怒用人之仁去其貪國有
患君死社稷謂之義大夫死宗廟謂之變大夫有去就之義未
必常死宗廟者其死宗廟者權變為之也變一作辨言得其正也凡聖人能以天下
為一家以中國為一人非意之必知其情不待測度自知其必
有此情從於其義明於其利達於其患然後為之何謂

人情喜怒哀懼愛惡欲七者弗學而能何謂人義父慈子孝兄良弟悌夫義婦聽長惠幼順君仁臣忠十者謂之人義講信脩睦謂之人利爭奪相殺謂之人患聖人之所以治人七情脩十義講信脩睦尚辭讓去爭奪舍禮何以治之飲食男女人之大欲存焉死亡貧苦人之大惡存焉欲惡者人之大端人藏其心不可測度美惡皆在其心不見其色欲一以窮之舍禮何以哉（禮有常度得失以之）故人者天地之德陰陽之交鬼神之會五行之秀天秉陽垂日星地秉陰竅於山川（山澤通氣）播五行於四時和四氣而後月生（五行一陰陽分于於四時）

四時布四氣而温凉寒暑各應其候言十二月而歲成也是以三五而盈三五而
缺五月陰道不常滿故十五日滿十五日缺也言三十日而月成也五行之動共記作迭
相竭也竭盡也水用事盡則木用事五行用事更相盡也五行四氣十二月
還相爲本用事者爲本也五聲六律十二管還相爲宮五聲者宮
商角徵羽也律陰陽各六也管候氣之管一月一管陽律陰呂其用事者爲宮也五味六和
十二食還相爲質五味酸苦鹹辛甘六和者和之各有宜者春多酸秋多辛之屬是也五色六章十二衣還相爲
十二食者十二月之食質本也以用事者爲本也
主五色青赤白黑黄并玄爲六章十二月之衣如月令春青夏赤之類主其時之一色而間雜成章也
故人者天地之心人於天地間如五藏之有心矣人有生最靈心之藏最聖而五
行之端端始也用五行也能食味別聲被色而生者也聖人作

則作爲則法必以天地爲本隂陽爲端以四時爲柄以日星爲紀月以爲量鬼神以爲徒五行以爲質禮義以爲器人情以爲田四靈以爲畜以天地爲本故物可舉天地爲本則萬物苞在於其中以隂陽爲端故情可睹淑慝之情以四時爲柄故事可勸四時各有事故事可得而勸也以日星爲紀故業可別日以紀晝星以紀夜故事可得而分別也月以爲量故功有藝有度量以成四時猶功業各有分理也藝猶理鬼神以爲徒故事有功鬼神不相干各有守五行以爲質故事可復也五行終則復始故事可修復也禮義以爲器故事行有考考成人情以爲田故人以爲奧也治人情如治田不使邪之害正猶去莠之害苗人知向道之方如知室之有奧也四靈以爲畜故

飲食有由也（四靈鳥獸之長其屬因四靈而至故飲食可由之而用也）何謂四靈麟鳳龜龍謂之四靈故龍以爲畜而魚鮪不淰（驚散也式荏切）鳳以爲畜而鳥不獝（飛去也呼決切）麟以爲畜而獸不狘（驚走也呼決切）龜以爲畜而人情不失（易曰定天下之吉凶成天下之亹亹者莫善於蓍龜人情不失也）先王秉蓍龜列祭祀瘞繒宣祝嘏（瘞謂祭祀之瘞繒謂若繒封太山之繒贈也宣謂播宣揚之也）設制度（禮器）祝嘏辭說（禮文）故國有禮官有衙（治也）職有序先王患禮之不達於下故饗帝於郊所以定天位也祀社於國所以列地利也禘祖廟所以本仁也旅山川所以儐鬼神也祭五祀所以本事也（按五祀者戶竈中霤門行也春戶以木夏竈以火中霤以土秋門以金冬行以

求各本其所用古尹之神而祀之也饗帝以下五者乃達下之義故宗祝在廟三公在朝三老在學五更一人三老在學王前巫而後史卜著瞽侑瞽樂師也以辨樂侑四輔也以贊儀皆在左右王中每居其中也心無為也以守至正後五者君之自防以率下也是以禮行於郊而百神受職禮行於社而百貨可極禮行於祖廟而孝慈服焉孝慈之道為遠近所服焉禮行於五祀而正法則焉即上文制度之差等如天子以下以次降殺至庶人一祀或戶或竈是也故郊社宗廟山川五祀義之脩而禮之藏禮之藏一曰府夫禮必本於太一太一者元氣也分而為天地轉而為陰陽變而為四時列而為鬼神其降曰命即上所為命降於天地祖廟也其官於天也官謂職分也言禮之協職分皆從天而至也

於分藝藝者理也蓺上記有禮本於天動而之地列而之事變而從時十六字疏云鄭申前章本於天地以至功有藝之意良是其居於人也曰養王曰禮之於人身所以養成人也○按疏養作義而養下記有其行之以貨力辭讓飲食冠昏喪祭射御朝聘故禮義者人之大端也二十七字而以冠昏以下八者爲禮以貨力以下四者爲義以終前章義脩禮藏之意所以講信脩睦而固人之肌膚之會筋骸之束者所以養生送死事鬼神之大端所以達天道順人情之大竇竇所以通達

唯聖人爲知禮之不可以已也故破國喪家亡人必先去其禮禮之於人猶酒之有糵也糵牙米也君子以厚小人以薄聖王脩義之柄禮之序以治人情人情者聖王之田也脩禮以耕之陳義以種之講學以耨之

（耨除穢也）本仁以聚之播樂以安之故禮者義之實也協諸義而協則禮雖先王未之有可以義起焉義者藝（事理之宜）之分仁之節（心之則）協於藝講於仁得之者強失之者喪仁者義之本（今體也）順（百順也）之體（質也）得之者尊故治國不以禮猶無耜而耕爲禮而不本於義猶耕之而弗種爲義而不講於學猶種而弗耨講之以學而不合之以仁猶耨而不穫合之以仁而不安之以樂猶穫而弗食安之以樂而不達於順猶食而不肥四體既正膚革充盈人之肥也父子篤兄弟睦夫婦和家之肥也大臣法小臣廉官職相序君臣相正國

之肥也天子以德爲車以樂爲御諸侯以禮相與大夫以法相序士以信相考百姓以睦相守天下之肥也是謂大順順者所以養生送死事鬼神之常也故事大積焉而不苑滯積也委粉切並行而不謬細行而不失深而通茂而不間言有理也連而不相及言有序也動而不相害此順之至也明於順然後乃能守危高而不危以長守危禮之不同不豐不殺所以持情而合危也保合而不危也山者不使居川渚者不使居原用水火金木飲食必時用水漁人以時入澤梁及溉灌用火季春出火季秋納火也用金以時采銅鐵用木斧斤以時入山林飲食各隨四時之道者也冬合男女春頒爵位必當季德男女之李賢否

之德用民必順說以使民皆所順也故無水旱昆蟲之災民無凶饑妖孽之疾天不愛其道地不愛其寶人不愛其情是以天降甘露地出醴泉山出器車謂石中象形之類如圭璧璜琰之象河出龍圖龍似馬負圖出鳳凰麒麟皆在郊棷藪同龜龍在宮沼其餘鳥獸及卵胎皆可俯而窺也則是無故先王能循禮以達義體信以達順此順之實也

孔聖家語圖卷之九

武林後學吳嘉謨集校

冠頌第三十三

邾隱公既即位（邾今兗州鄒城地隱公名益定公十三年即位）將冠（禮男子二十加冠於首也）使大夫因孟懿子問禮於孔子孔子曰其禮如世子之冠（世子諸侯之適子也）冠於阼階以著代也（阼主人之階以明其代父）醮於客位（酌而無酬酢曰醮客位在戶牖之間）加其有成（於阼階而期之以主於客位而崇之以賓是加禮於其有成之人也）三加彌尊（始冠緇布冠次加皮弁又次加爵弁）導喻其志（冠三加而彌尊所以導引之使喻知益大其志以求稱也考之冠禮不特冠彌尊而衣履亦莫不然祝辭醮辭皆有進焉無非以導喻其志也）冠而字之敬其名也（古者

（童子雖貴亦名之而已冠而後賓字之以字以成人之道故敬其名也）雖天子之元子猶士也其禮無變（與士同）天下無生而貴者（有德乃有位也）故也行冠事必祖廟以祼享之禮以將之（祼用鬱鬯之酒灌地以降神也享祭獻先君將行禮也）以金石之樂節之（金石者鐘磬也）所以自卑而尊先祖示不敢擅也懿子曰天子未冠即位長亦冠乎孔子曰古者王世子雖幼其即位則尊為人君人君治成人之事者何冠之有懿子曰然則諸侯之冠異天子與（惟天子無冠禮如諸侯之冠故問之）孔子曰君薨而世子主喪是冠也（主喪已重於任成人之服矣）與人君無所殊也（諸侯亦人君與天子無異）懿子曰今邾君之冠非禮也（是時邾君已先為冠其矣有疑）

而後因懿子而問焉懿子聞夫子之言而謂制君之冠非禮也以其不知夫子之所言也一作乎字

孔子曰諸侯之有冠禮也夏之末造也夏之末世乃造諸侯冠禮有自來矣今無譏焉制君之冠非禮也是即夏之末造也當時諸侯之有冠禮其必異於夫子所言如世子之冠者矣天子冠者因論諸侯冠而上及天子之事武王崩成王十三而嗣立周公居冢宰攝政以治天下明年夏六月既葬周書曰歲有十三武王崩元年六月葬冠成王而朝於祖祖廟以見諸侯亦爲君也周公命祝雍作頌曰祝王辭達而勿多也祝雍辭曰使王近於民得民之心也遠於年壽長嗇於時盡愛也於時不奪民時也惠於財親賢而任能其頌曰令月吉日王始加元服去王幼志服袞職天子龍袞故曰袞職

王職也欽若昊天欽敬若順詩昊天有成命六合是天地四方謂之六合言為之法式也率爾祖考脩文武之道永永無極此周公之制也懿子曰諸侯之冠其所以為賓主何如孔子曰公冠則以卿為賓無介公自為主迎賓此以下至乘馬皆言賓禮揖升自阼立於席北其醴也則如士饗之以三獻之禮儀禮曰醴賓以一獻之禮既醴降自阼階諸侯非公而自為主者其所以異皆降自西階西階賓階也玄端與皮弁異朝服素韠韠蔽膝也朝服素韠示不忘古公冠四公四加冠加玄冕祭加玄冕者祭服其酬幣於賓則束帛乘馬已冠而饗既饗與賓幣謂之酬幣乘馬駟馬也王太子庶子之冠擬焉王之太子庶子皆擬諸侯之冠禮也皆天子自為主其禮與

四一六

士無變說見前饗食賓也皆同懿子曰始冠必加緇布之冠何也孔子曰示不忘古太古冠布齋則緇之其緌也吾未之聞言今有緌未聞古之有緌也緌冠之飾也今則冠而敝之可也冠而棄之言不復用也懿子曰三王之冠其異何也孔子曰周弁殷冔夏收一也三代冠者時王所制以為三加之冠者也弁名出於槃槃大也冔名出於幠幠覆也收所以收斂其髮也皆祭服也三王共皮弁素緌句委貌周道也章甫殷道也毋追夏后氏之道也委貌章甫毋追皆緇布冠三加始加之冠也皆曰道者言王制禮之道寓焉其形制有不同也委貌玄冠委安也言所以安正容貌章明也所以表明丈夫毋發聲之辭毋追猶推也以其形各郊特牲比節在周弁殷冔夏收前

廟制第三十四

衛將軍文子（名彌牟）將立三將軍之廟於其家（公子郢襄公靈公也）使子羔訪於孔子子曰公廟設於私家非古禮之所及吾弗知子羔曰敢問尊卑上下立廟之制可得而聞乎孔子曰天下有王（有王者作）分地建國置都立邑（分建置立有大有小）設廟祧壇墠而祭之乃爲親疏多少之數（惟建置有大小尊卑之分故設祭有親疏多少之數自天下有王至此見記祭法）是故天子立七廟三昭三穆（左爲昭右爲穆）與太祖之廟而七（太始也）曰太廟（太蓋統七廟言之）有一壇有一墠（七廟外又立壇墠各一起土爲壇除地曰墠）曰考廟（父）曰王考廟（祖）曰皇考廟（曾祖）曰顯考廟（高祖）曰祖考廟（始祖）皆月祭之（始祖百世不遷而高曾祖禰以親故此五廟每月一祭）

遠廟爲祧，有二祧（遠謂二昭三穆親盡當遷者。二祧即昭穆已遞遷者。其主古制藏於太廟之東西夾室，至周則穆之祧藏於文世室，昭之祧於武世室），享嘗乃止（昭穆已祧之主不以月祭，但以四時祭之）。去祧爲壇（世數遠，不得於祧處受祭，而祭之於壇），去壇爲墠（不得於壇處受祭，而祭之於墠）。壇墠有禱焉祭之，無禱乃止（祭之於壇墠，必須有祈禱之事，不然亦不祭也）。去墠爲鬼（去墠則祈禱亦所不及，故但曰鬼而已）。諸侯立五廟，二昭二穆與太祖之廟而五（諸侯太祖，始封之君也），曰祖考廟（蓋統五廟言之），有一壇一墠，曰考廟，曰王考廟，曰皇考廟，皆月祭之（月祭三廟，降於天子也）。顯考廟、祖考廟，享嘗乃止（四時祭之）。去祖爲壇，去壇爲墠（高祖之父雖遷，主寄太祖之廟而不得於此受祭，若有祈禱，則去祖而祭之於壇。高祖之祖，則去壇而祭之於墠也）。壇墠有禱焉祭

四一九

之無禱乃止去墠爲鬼大夫立三廟一昭一穆與太祖之廟而三（大夫太祖始爵者也）曰皇考廟（蓋統三廟言之）有一壇考廟月祭王考廟皇考廟爲始祖廟享嘗乃止（始爵者爲曾祖）（則爲皇考廟始爵者爲高祖以上則爲始祖廟）顯考無廟有禱焉爲壇祭之（去祖爲壇）去壇爲鬼（已上記王制祭法大抵同王制祭法中竊疑是此分析而互載之而此一節祭法作大夫立三廟二壇曰考廟曰王考廟曰皇考廟享嘗乃止顯考祖考無廟有禱焉爲壇祭之與王制所謂一昭一穆與太祖之廟而三者不相入以禮意推之家語爲是）適士（上士）二廟曰王考廟（蓋統二廟言之）有一壇曰考廟曰王考廟享嘗乃止皇考無廟有禱焉爲壇祭之去壇爲鬼（天子上中下士及諸侯之士古皆得立二廟士無封爵但親其祖考而已朱子曰各有始祖廟以藏祧主如適士二廟各有門

室寢各三間是十八間奉今士人如何行得官師一廟曰考廟王考無廟而祭之去王考爲鬼（祖禰共廟祭之）一庶人無廟四時祭於寢（居室曰寢）此自有虞以至於周之所不變也凡四代帝王之所謂郊者皆以配天其所謂禘者皆五年大祭之所及也（虞郊以嚳夏以鯀殷以冥周以稷虞禘以黄帝夏亦以黄帝殷以嚳周亦以嚳）應爲太祖者則其廟不毀不及太祖雖在禘郊其廟則毀矣（諸禘享考無廟郊亦無廟后稷之所以有廟自以太祖故也不爲太祖雖在郊禘其廟亦毀據后稷而言殷人郊冥有大功契既爲太祖之廟若復不郊則冥永不與於祀典是以郊冥也）古者祖有功而宗有德謂之祖宗者其廟皆不毀（祖宗者不毀之名其廟有功者謂之祖周文王是也有德者謂之宗周武王是也是二廟自爲祖宗乃謂之二祧又以爲

配祀明堂之名亦可謂不違聖旨寔事也子羔問曰祭典云昔有虞氏祖顓頊而宗堯夏后氏亦祖顓頊而宗禹殷人祖契而宗湯周人祖文王而宗武王此四祖四宗或乃異代或其考祖之有功德其廟可也若有虞宗堯夏祖顓頊皆異代之有功德者也亦可以存其廟乎孔子曰善如汝所問也如殷周之祖宗其廟可以不毀其他祖宗者功德不殊雖在殊代亦可以無疑矣詩云蔽芾甘棠勿翦勿伐邵伯所憩國風召南甘棠之辭周人之於召公也愛其人猶敬其所舍之樹況祖宗其功德而可以不尊奉其廟焉

辯樂解第三十五

孔子學琴於師襄子按史記有十日不進四字襄子曰吾雖以擊磬爲官然能於琴今子於琴已習可以益矣孔子曰丘未得其數也數○按宋本數作教有間曰已習其數本教曰可以益矣孔子曰丘未得其志也有間曰已習其志可以益矣孔子曰丘未得其爲人也有間孔子有所謬然思焉謬史作穆王曰謬然深思貌無考有所睪一作皇然高望而遠眺睪伺視貌眺視也曰丘迨得其爲人矣近黮而黑○黮黑貌徒感切頎然長頎長貌渠希切○曠如望羊曠用志廣遠望羊遠視也奄有四方奄同也文王之時三分天下有其二後周有四方文王之功也非文王其孰能爲

此師襄子避席葉拱而對曰（葉拱兩手薄其心也）子聖人也其傳曰文王操

子路鼓琴孔子聞之謂冉有曰甚矣由之不才也夫先王之制音也奏中聲以爲節流入於南不歸於北夫南者生育之鄉北者殺伐之域故君子之音溫柔居中以養生育之氣憂愁之感不加於心暴厲之動不在於體（中心溫柔其舉動不使暴厲加于身）夫然者乃所謂治安之風也小人之音則不然亢麗（一作厲溫柔之反）微末（居中之反）以象殺伐之氣中和之感不載於心溫和之動不存於體夫然者乃所以爲亂亡之風昔者舜彈五絃之琴

造南風之詩其詩曰南風之薰兮可以解吾民之愠兮南風之時兮可以阜吾民之財兮（得其時 阜盛也）唯脩此化故其興也勃焉德如泉流（一作流泉）至於今王公大人述而弗忘殷紂好爲北鄙之聲其廢也忽焉至於今王公大人舉以爲誡夫舜起布衣積德含和而終以帝紂爲天子荒淫暴亂而終以亡非各所脩之致乎由今也匹夫之徒曾無意於先王之制而習亡國之聲豈能保其六七尺之體哉冉有以告子路子路懼而自悔靜思不食以至骨立夫子曰過而能改其進矣乎

周賓牟賈侍坐於孔子孔子與之言及樂曰夫武之備誡之久何也武謂周武備誡擊鼓警衆也對曰病不得其衆病憂恐不得其士衆之心故也詠嘆之淫液之何也淫液歌遲之也對曰恐不逮事也言汲汲及此安民和衆事也發揚蹈厲之已蚤何也厲病也備誡雖久至其發作又疾也對曰及時事欲令事及其時武坐致右而軒左何也右膝至地左膝不至地也對曰非武坐也坐跪也言非武人坐也聲淫及商何也言聲歆淫貪商對曰非武音也武王之事不得已爲天下除殘賊非苟貪商也孔子曰若非武音則何音也對曰有司失其傳也已上皆孔子問而賓牟賈荅也孔子曰唯丘之聞諸萇弘亦若吾子之言是也若非有司失其傳則武王之志荒矣賓牟

賈起免席而請曰夫武之備誡之以久則既聞命
謂孔子是其言也敢問遲矣而又久立於綴舞列也朱劣切何也子
曰居吾語汝夫樂者象成者也象成功而爲樂摠干楯也而山
立武王之事也山立不動也發揚蹈厲太公之志也志在鷹揚
武亂皆坐此坐非作跪周召之治也武亂武治也皆坐以象安民無事也且
夫武始成而北出再成而滅商三成而南反誅紂已而南也
四成而南國是彊言南國以爲彊界五成而分俠玆也○古洽切周
公左召公右分東西而治也六成而復綴以崇其天子焉以象
尊天子也凡成爲武之節解也衆挾振焉而四伐所以盛威於中國
挾記作夾夾武王會振威武也四伐者伐四方與紂同惡者分郟而進所以事蚤

濟分䟽曰部分也鄭記作夾言所以部分而蚤進者欲事蚤成也○分分問切久立於綴所以待諸侯之至也總荅牟賈遲久之問今汝獨未聞牧野之語乎武王克殷而反商之政未及下車則封黃帝之後於薊封帝堯之後於祝封帝舜之後於陳下車又封夏后之後於杞封殷之後於宋武王伐殷封其子祿父武王崩祿父叛周公誅之封微子於宋以爲殷後祿父不成殷後故武王封之封王子比干之墓釋箕子之囚使人行商容之舊以復其位商容商之禮儀其位舊居也傳說多以商容爲殷之賢人或使箕子求商容乎行猶索也庶民弛政解其力役之事○弛尸紙切庶士倍祿既濟河西馬散之華山之陽而弗復乘牛散之桃林之野而弗復服桃林西方塞也○華胡化切車

甲則釁史記作弢記作衅釁同○弢他刀切而藏諸府庫以示弗復用倒載干戈而包之以虎皮弓衣也將率之士率記作帥使為諸侯命之曰鞬居言切櫜盛矢器也言所以櫜弓矢而不用者將率之士力也故建以為諸侯謂之鞬櫜也○按記疏則當云倒載干戈而包以虎皮命之曰鞬櫜將帥之士使為諸侯則文理乃順○櫜始勞切然後天下知武王之不復用兵也散軍而脩郊射郊有學宮可以習禮左射以貍首右射以騶虞而貫革之射息也左東學右西學貍首騶虞歌以為節也裨冕搢笏而虎賁之士脫劍衮冕之屬通謂之裨冕脫劍解劍也○賁符分切郊祀后稷而民知尊父焉配明堂而民知孝焉朝覲然後諸侯知所以臣耕籍然後民知所以敬親親耕籍田所以奉祠祀之粢盛六者

天下之大教也食三老五更於太學天子袒而割牲執醬而饋執爵而酳（食畢以酒漱口以養氣也○酳羊進切）冕而揔干（親在舞位）所以教諸侯之弟也如此則周道四達禮樂交通則大武之遲久不亦宜乎（中言遲久之意）

問玉第三十六

子貢問於孔子曰敢問君子貴玉而賤珉何也（君子貴于玉賤珉其意何也云）爲玉之寡而珉之多乎（珉石似玉）孔子曰非爲玉之寡故貴之珉之多故賤之夫昔者君子比德於玉潤温而澤仁也（玉之温潤光澤比于仁也）縝密以栗智也（玉之縝密堅栗比于智也）廉而不劌義也（有廉隅而不刮傷比於義也）垂之如墜禮

也佩玉如禮卑讓叩之其聲清越而長擊之其音清越不已其終則詘然樂矣及其聲音樂之息矣瑕不掩瑜瑜不掩瑕忠也瑕玉之疵也玉之美者曰瑜玉之美惡不相掩比乎忠者也孚尹旁達信也氣如白虹天也精神見於山川地也圭璋特達德也天下莫不貴者道也詩云言念君子溫其如玉秦誓小戎之辭故君子貴之也

孔子曰入其國其教可知也言入其國即知其教其爲人也溫柔敦厚詩教也其爲人溫良篤厚者乃詩人之教使然疏通知遠書教也其爲人疏貫通達者乃書教使然廣博易良樂教也其人該博平易者乃樂教使然潔淨精微易教也恭儉莊敬禮教也屬辭比事春

秋教也其人屬辭比事者春秋教使然故詩之失愚敦厚之失則近于愚書之失誣知遠之失則近于誣樂之失奢廣博之失則近于奢易之失賊精微之失則近于賊害禮之失煩春秋之失亂其爲人也温良敦厚而不愚則深於詩者矣疏通知遠而不誣則深於書者矣廣博易良而不奢則深於樂者矣潔凈精微而不賊則深於易者矣恭儉莊敬而不煩則深於禮者矣屬辭比事而不亂則深於春秋者矣天有四時春夏秋冬風雨霜露無非教也天之四時風雨霜露以生殺物者無非教也地載神氣吐納雷霆流形萬物無非教也地載一元之氣雷霆流布成萬物之形而亦無非造化清明在躬志氣如神聖人清明之德在身則其

志氣如神也有物將至其兆必先物事也言有事將来必有其兆朕是故天地之教與聖人相參按天地之教見於風雨霜露聖人之教發於詩書易禮春秋其造物之功一也而有失之愚誣奢賊煩亂者猶天地之無全功也其在詩曰嵩高惟嶽峻極於天惟嶽降神生甫及申大雅嵩高之辭也王曰岳降神靈和氣生申甫之大賢也惟申及甫惟周之翰翰幹也美其宗族世有大功於周甫俘相穆王制祥刑申伯佐宣王成德教四國於蕃四方於宣言能蕃屏四國宣王之德化於天下也此文武之德也言文武聖德篤佑周家爲先王良佐成中興之功矢其文德協此四國矢陳也協和也此文王之德也凡三代之王必先其令聞詩云明明天子令聞不已三代之德也二詩大雅江漢之辭本召穆公美周宣王而作與此註少異大抵皆發明聖人德教之意

子夏侍坐於孔子曰敢問詩云愷悌君子民之父母（大雅泂酌之辭）何如斯可謂民之父母孔子曰夫民之父母必達於禮樂之原以致五至而行三無以橫於天下四方有敗必先知之（以其憂民切故知幾神也）此之謂民之父母

子夏曰敢問何謂五至孔子曰志之所至詩亦至焉詩之所至禮亦至焉禮之所至樂亦至焉樂之所至哀亦至焉詩禮相成哀樂相生（皆自然之致即下文無體無聲之意）是以正明目而視之不可得而見傾耳而聽之不可得而聞（正視則明全傾聽則聰審然且不得見聞則惟其志氣之充塞而已）志氣塞乎天地行之充於四海此之謂五至矣子夏曰敢問何謂

三無孔子曰無聲之樂無體之禮無服之喪此之謂三無子夏曰敢問三無何詩近之孔子曰夙夜基命宥密無聲之樂也此周頌昊天有成命之辭言文武夙夜恭勤以肇基天命務行寬靜之政而民以安寧故謂之無聲之樂也威儀逮逮逮詩作棣不可選也無體之禮也此邶風柏舟之辭棣威也選擇也凡民有喪扶伏詩作匍匐救之無服之喪也此邶風谷風之辭也言救之禍不以服屬之親也子夏曰言則美矣大矣言盡於此而已乎孔子曰何謂其然吾語女其義猶有五起焉子夏曰何如孔子曰無聲之樂氣志不違無體之禮威儀遲遲無服之喪內恕孔悲無聲之樂所願必從無體之禮上下和同無服之喪

施及萬邦

此上二起疑闕其三按記五起無聲之樂由氣志不遠以至既得以至既從由既從以至日聞由日聞以至既起無體之禮由威儀遲遲以至翼翼由翼翼以至和同由和同以至日就月將由就將以至施及四海無服之喪由內恕孔悲以至施及四國由四國以至萬邦由萬邦以至純德由純德以至施於孫子皆以漸而至於充積之盛此五起之義也

既然而又奉之以三無私而勞天下此之謂五起

此以三無私合前二節為五也據正文又奉二字而下文子夏亦為更端則當不在五起之列更詳之

子夏曰何謂三無私孔子曰天無私覆地無私載日月無私照其在詩曰帝命不違至于湯齊

言天心未嘗去商至湯而後與天心齊也

湯降不遲聖敬日躋

湯疾行下人之道其聖敬之德日升聞也

昭假遲遲上帝是祗

湯之威德昭明編至化行寬舒故上帝敬其德

帝命式於九圍

天命湯為法於九州以為天下

王也是湯之德也此以商頌長發之辭言湯之德以明奉三無私之義記復舉天地之無私以明湯德之同天又引大雅嵩高江漢之詩以言文武之德之無私以是聖人奉三無私之意宜參記觀之其義始盡子夏蹶然喜躍之貌而起負墻而立曰弟子敢不志之

屈節解第三十七

子路問於孔子曰由聞丈夫居世富貴不能有益於物丈夫處富貴之地以道濟物不爲身也處貧賤之中而不能屈節以求伸居貧賤而不屈節以求伸於道也則不足以論乎人之域矣不足論人之地位孔子曰君子之行已期於必達夫子言人之行已必期於顯達也於已可以屈則屈可以伸則伸其身可屈則屈可伸則伸視時

之何如爾也故屈節者可以有待待人之知已也求伸者所以及時欲伸其道者當及時而伸是以雖受屈而不毀其節雖受屈于人不毀其素節志大而不犯於義及其得志所行皆合乎義

孔子在衛聞齊國田常將欲為亂夫子在衛聞齊人田常專政有無君之心而憚鮑管鮑氏管氏齊之卿大夫田常畏之也因欲移其兵以伐魯遂欲移齊國兵以伐魯國孔子會諸弟子而告之曰夫子會合衆弟子與言其事者也魯父母之國不可不救今吾欲屈節於田常以救魯二三子誰為使於是子路曰請往焉孔子弗許子張請往又弗許子石公孫龍也請往又弗許三子退為子貢曰今夫子欲屈節以救父母之國吾三人請使

而不獲往此則吾子用辯之時也吾子盍請行焉子貢請使夫子許之遂如齊説田常曰夫魯者難伐之國而子欲之過矣田常曰魯何難伐也子貢曰其城薄以卑其地狹以泄其君愚而不仁其大臣爲而無用其士民又惡甲兵之事此不可與戰君不若移兵伐吳（吳王夫差時）夫吳城高而厚池廣以深田段以新士選（選練）以飽重器精兵盡在其中又使明大夫守之此易伐也田常忿然作色曰子之所難人之所易子之所易人之所難而以教常何也子貢曰吾聞之夫憂在內者攻強憂在外者攻弱今子憂在內吾聞子三

封而三不成者事無考大臣有不聽者也今子又欲破魯以廣齊戰勝以驕主破國以尊臣是特鮑晏等帥師若破國則臣尊矣而子之功不與焉則交日疏於主是子上驕主心下恣群臣求以成大事難矣夫上驕則恣下恣史作臣驕則爭是子上與主有郤郤隙也下與大臣交爭也如此則子立於齊危矣故曰不如伐吳伐吳不勝民人外死大臣內空是子上無彊臣之敵下無民人之過孤主制齊者唯子也使主孤立而己得專制其國田常曰善然兵甲已加魯矣去而之吳大臣疑我柰何子貢曰若緩師吾請往見吳王令之救魯而伐齊君因以兵迎之田常

許諸子貢遂南說吳王曰臣聞之王者不絕世霸者無強敵千鈞之重加銖兩而移今以萬乘之齊而私私有之千乘之魯與吳爭彊甚爲王患之且夫救魯顯名也伐齊大利也以撫泗上諸侯威暴齊而服彊晉利莫大焉名存亡魯實困彊齊頋王不疑也吳王曰善雖然吾嘗與越戰棲之會稽越王名句踐今苦身養士有報吳之心待我伐越然後可子貢曰越之勁不過魯吳之強不過齊王置齊而伐越則齊必私魯矣爲齊聽用且王方以存亡繼絕爲名存亡國繼絕世夫伐小越而畏強齊非勇也夫勇者不避難仁者不窮約不窮苦其約小

者智者不失時義者不絕世吳越春秋仁人不困厄以廣其德智者不棄時
以立其功王者不絕世以立其義今存越亢諸侯以仁不窮約救魯不絕
世伐齊威加晉國不避難不失時諸侯必相率而朝吳霸業
成矣若王必惡越惡猶畏也臣請東見越王令出兵以從
此則實空越而名從諸侯以伐齊吳王大悅乃使子
貢之越越王除道郊迎身御至舍而問曰此蠻夷之
國大夫何以儼然辱而臨之子貢曰今者吾說吳王
以救魯伐齊其志欲之而心畏越曰待我伐越而後
可如此則破越必矣且夫無報人之志而令人疑之
拙也有報人之意而使人知之殆也事未發而先聞

者危也。三者舉事之大患也。越王頓首曰：「再拜。」曰：「孤少失前人，（句踐父允常）內不量力，與吳戰，困於會稽，痛入於骨髓，日夜焦脣乾舌，徒欲與吳王接踵而死，孤之願也。」遂問子貢，（問計所出）安子貢曰：「吳王爲人暴猛，群臣不堪，國家敝於數（音朔）戰，士卒弗忍，百姓怨上，大臣內變，申胥以諫死，（申胥，伍子胥也。按越絕書無此五字，是時子胥未死）太宰嚭用事，（嚭，吳王佞臣也。○嚭，普鄙切）順君之過以安其私，此則報吳之時也。今王誠發士卒佐之，（佐之伐齊）以徼射，（徼，激也，結堯反。射，厭斁也，夷反）益其志，而重寶以說其心，卑辭以尊其禮，則其伐齊必矣。彼戰不勝，王之福矣。戰勝，必以兵臨晉，臣還北見晉君令共攻之吳銳兵盡於齊重甲困於晉而王制其敝此滅吳必矣此聖人所謂屈節以求其伸者也越王大悅頓首許諾送子貢金百鎰二十四兩為鎰劔一良矛二矛建於兵車長丈二吳越春秋作馬子貢不受遂行報吳王曰臣敬以大王之言告越王越王大恐曰孤不幸少失前人內不自量抵罪於吳軍敗身辱棲於會稽國為虛莽賴大王之賜使得奉俎豆而脩祭祀死不敢忘何謀之敢慮後五日越王悉境內之兵使大夫種頓首言於吳王曰東海役臣句踐使者臣種敢脩下吏問於左右今聞大王將興大義誅強救弱困暴齊

而撫周室請悉起境内士卒三千人孤請自披堅執鋭以先受矢石因越賤臣種奉先人藏器甲二十領鐵屈盧之矛步光之劒以賀軍吏吳王大説以告子貢曰越王欲身從寡人伐齊可乎子貢曰不可夫空人之國悉人之衆又從其君不義君受其幣許其師而辭其君吳王許諾乃謝越王於是吳王乃發九郡之兵以伐齊子貢因去之晉謂晉君晉定公名午曰慮不先定不可以應卒音促兵不先辨辦幹集也不可以勝敵今夫齊與吳將戰彼戰而不勝越亂之必矣與齊戰而勝必以其兵臨晉晉君大恐曰為之柰何子貢曰休

兵脩卒以待之。晉君許諾。子貢去而之魯。吳王果與齊人戰於艾陵。大破齊師。獲七將軍之兵而不歸。果以兵臨晉。與晉人相遇黃池之上。（黃池衛地今陳留封丘縣南黃亭近濟水）吳晉爭彊。（左傳哀公十三年公會晉定公吳夫差於黃池將盟吳人曰於周室我爲長晉人曰於姬姓我爲伯乃先晉人也）晉人擊之。大敗吳師。越王因之涉江襲吳。（潛師曰襲）去城七里而軍。吳王聞之。去晉而歸。與越戰於五湖。三戰不勝。城門不守。越遂圍王宮。殺夫差而戮其相。破吳。三年。東向而霸。（左傳黃池之會無晉擊吳敗吳師事是年越入吳歸與越平越未滅吳）故子貢一出。存魯亂齊破吳彊晉而霸越。子貢一使。使勢相破。十年之中。五國各有變孔子曰夫其亂齊存魯吾之初願若强晉以敝吳使吳亡而越霸者賜之說也美言傷信慎言哉按左傳載越滅吳在哀公二十二年是時孔子卒已七年則非孔子所及言明矣而子貢使齊之事亦不經見惟韓非子曰齊將攻魯魯使子貢說齊齊不聽而卒加兵於魯初無說吳越之事然則韓非之所記顧可信歟吾從其理之可信者耳

孔子弟子有宓子賤者仕於魯爲單父宰恐魯君聽讒言使己不得行其政於是辭行故請君之近史二人與之俱至官宓子戒其邑吏令二史書方書輒掣其肘書不善則從而怒之二史患之辭請歸魯宓子曰子之書甚不善子勉而歸矣二史歸報於君曰宓

子使臣書而掣肘書惡而又怒臣邑吏皆笑之此臣之所以去之而來也魯君以問孔子子曰宓不齊君子也其才任霸王之佐屈節治單父將以自試也意者以此爲諫乎公寤太息而歎曰此寡人之不肖寡人亂宓子之政而責其善者數矣微二史寡人無以知其過微夫子寡人無以自寤遽發所愛之使告宓子曰自今以往單父非吾有也從子之制有便於民者子決爲之五年一言其要宓子曰敬奉詔遂得行其政於是單父治焉躬敦厚明親親尚篤敬施至仁加懇誠致忠信百姓化之齊人攻魯道由單父單父

之老請曰麥已熟矣今齊寇至不及人人自收其麥

請放民出皆穫傅（傅麗著也）郭之麥可以益糧且不資於

寇三請而宓子不聽俄而齊寇逮（逮行將及也）于麥季孫

（康子名肥）聞之怒使人讓宓子曰民寒耕熱耘曾不得食

豈不哀哉不知猶可以告者三而子不聽非所以為

民也宓子蹵然曰今玆無麥明年可樹若使不耕者

獲是使民樂有寇且得單父一歲之麥於魯不加彊

喪之不加弱若使民有自取之心其創（傷也○初莊切）必數

世不息季孫聞之赧然而愧曰地若可入吾豈忍見

宓子哉三年孔子使巫馬期遠觀政焉巫馬期陰免

衣衣（上如字下於既切）敝裘入單父界見漁者得魚輒舍之巫馬期問焉曰凡漁者爲（爲于位反）得何以得魚即舍之漁者曰魚之大者名爲鱄（鱄鮏魚懷姙者○除留切）吾大夫愛之其小者名爲鱦（鱦以證切）吾大夫欲長之是以得二者輒舍之巫馬期返以告孔子曰宓子之德至使民闇（闇暗同）行若有嚴刑於旁敢問宓子何行而得於是孔子曰吾嘗與之言曰誠於此者刑乎彼宓子行此術於單父也

孔子之舊曰原壤其母死夫子將助之以沐槨子路曰由也昔者聞諸夫子曰無友不如已者過則勿憚

畋夫子憚矣姑（且也）已若何孔子曰凡民有喪匍匐救之（邶谷風之辭）况故舊乎非友也吾其往及爲槨原壤登木曰久矣予之不託於音也遂歌曰狸首之斑然執女（忍與反）手之卷然（卷卷好貌逵員反）○夫子爲之隱佯不聞以過之子路曰夫子之屈節而極於此失其與矣豈未可以已乎孔子曰吾聞之親者不失其爲親也故者不失其爲故也

孔聖家語圖卷之十

武林後學吳嘉謨集校

正論解第三十八

孔子在齊，齊侯景公出田，按左傳昭公二十年齊侯田於沛田獵也蒐苗獮狩必法於田故謂之田也招虞人以旌不進。虞人掌山澤之官旌析羽為之象文德也公使執之，對曰：「昔先君之田也，旌以招大夫，弓以招士，皮冠以招虞人。諸侯田服皮冠故以招掌山澤之官臣不見皮冠，故不敢進。」乃舍之。孔子聞之曰：「善守道不如守官。君招當往道之常非物不進官之制君子韙之。」韙是也烏賄切

齊國書伐魯，國書齊卿事在哀公十一年季康子使冉有率左師

禦之樊遲為右師不踰溝樊遲曰非不能也不信子
言康子德不素為民所信請三刻而踰之與衆要約三刻而踰溝如之如樊遲要
約之言衆從之師入齊軍齊軍逃冉有用戈故能入焉
孔子聞之曰義也用命之義既戰季孫康子謂冉有曰子之
於戰學之乎性達之乎對曰學之季孫曰從事孔子
惡乎學冉有曰即學之孔子也夫孔子者大聖無不
該備也文武竝用兼通求也適聞其戰法猶未之詳也
季孫說樊遲以孔子孔子曰季孫於是乎可謂說人
之有能矣
南容說南宮敬叔仲孫何忌孟懿子既除喪除父僖子仲孫貜之喪而

昭公在外時季孫意如執國命公在乾侯未之命也未命說忌為卿大夫定公即位而命之辭句曰先臣有遺命焉先臣僖子也以相昭公如楚鄭病已之不知禮不能答楚郊勞之禮將死屬其二子學禮於孔子曰夫禮人之幹也非禮則無以立屬家老命二子學於孔子孔子曰能補過者君子也詩云君子是則是傚孟僖子可謂則傚矣懲己所病以誨其嗣大雅所謂詒厥孫謀以燕翼子則法也傚傚也小雅鹿鳴之辭詒遺也燕安也翼敬也大雅文王有聲之辭言遺其子孫以嘉謀使學安敬之道也是類也夫

衛孫文子衛卿孫林父也得罪於獻公居戚以居戚也公獻公卒未葬文子擊鐘焉延陵季子吳公子札適晉過戚聞之曰異

哉夫子（夫一作逢夫切）之在此猶燕子巢於幕也（言至危也）懼猶未也又何樂焉君又在殯可乎文子於是終身不聽琴瑟孔子聞之曰季子能以義正人文子能克己服義可謂善改矣

孔子覽晉志（志晉史也）晉趙穿殺靈公（穿晉大夫趙盾從弟之子靈公名夷皋○按左傳宣公二年靈公不君宣子盾驟諫靈公患之設計飲盾酒伏甲將攻之盾車右提彌明知之遂扶盾以下鬭且出彌明死之初靈輒德宣子與為公介倒戟以禦公徒而免之趙穿遂攻靈公而弒之）趙盾亡未及山而還（山晉界境也）史書（太史董狐書曰）趙盾弒其君（左有以示於朝六字）盾曰不然史曰子為正卿亡不越境（聞弒）返不討賊非子而誰盾曰嗚呼我之懷矣自詒伊

感（此邶風雄雉之辭循引以自明言人多所懷戀則自遺其憂戚）其我之謂乎孔子歎曰董狐古之良史也書法不隱趙宣子古之良大夫也為法受惡（為書法受弒君之名）惜也越境乃免（謂越境則不與聞乎其故乃可免弒君之名也）

鄭伐陳入之使子產獻捷于晉晉人問陳之罪焉子產對曰陳忘周之大德（武王以元女大姬配胡公而封諸陳）以介（大也）恃楚眾馮陵敝邑是以有往年之告（告晉為陳所侵）未獲命（未得晉平陳之成命）則又有東門之役（與楚共伐陳至其東門也）當陳隧（墓道也）者井堙木刊（堙塞也刊斫也）敝邑大懼（謂懼不競而辱大姬）天誘其衷（誘進也衷善也天導其善大報陳也○誘云九切）啓敝邑心陳知其罪（辱大姬之

菲陳侯喪服擁社佚男女自囚待命授首于我用敢獻功晉人曰何故侵小對曰先王之命惟罪所在各致其辟辟法也誅也且昔天子一圻地方千里列國一同地方百里自是以衰差降也周之制也言大國方百里從是以為差伯方七十里子男五十里乃周之制也今大國多數圻矣若無侵小何以至焉晉人曰其辭順晉人趙文子武也以其辭順乃受之孔子聞之謂子貢曰志有之志古書也言以足志文以足言足成之也不言誰知其志言之無文行之不遠有言而不文則雖行不遠也晉為伯謂牧伯長諸侯也鄭入陳非文辭不為功小子慎哉

楚靈王汰汰與泰同奢也侈右尹子革侍坐右尹官名子革鄭丹左史

倚相趨而過王曰是良史也子善視之是能讀三墳五典八索九丘三墳伏羲神農黃帝之書也○按漢劉熙曰墳分也論三才之分而治之也又曰一曰山墳連山易二曰氣墳歸藏易三曰形墳乾坤易而詳演其義五典少昊顓頊帝嚳帝堯帝舜之書也說文曰典從冊以冊載帝王之事也八索蹟曰八卦索求也即易一索得震之索九丘謂九州丘區也聚也區別其聚而志之也皆不經見未可考信畧附明之對曰夫良史者記君之過揚君之善而此子以潤辭為官不可為良史曰一作日臣又嘗聞焉昔周穆王欲肆其心將遍行天下使皆有車轍馬跡焉祭公謀父作祈昭按左謀父周卿士祈父司馬之官昭當作招其名也祭公諫遠遊故借以名詩乃逸詩也以止王心逸遊之心王是以獲殁於文宮左作祗宮言令終也臣聞其詩焉而不知若

問遠焉其焉能知王曰子能乎對曰能其詩曰祈昭之愔愔乎式昭德音思我王度式如玉式如金刑左作形體也民之力而無有醉飽之心愔愔和樂也言德音之安和思王度之純美能體民之力而無不厭足之心也王曰昭即徵招之招而以樂言刑以刑傷民力而反上文王度之義言此又作一義解也靈王揖而入饋不食寢不寐數日句則固不能勝其情以及於難靈王起章華之臺為弃疾所逼縊于乾谿孔子讀其志曰古者有志克己復禮為仁信善哉楚靈王若能如是以禮勝情豈其辱於乾谿子革之非左史所以風撫鳳切也誦詩以諫順哉

叔孫穆子名豹避難奔齊豹兄僑如淫亂故避之而出奔宿於庚宗之

邑庚宗寡婦通焉而生牛牛子名穆子返魯以牛為內豎通內外之命○豎仁庚切相家及長命為家相牛譾叔孫二子長子孟丙次子仲壬殺之叔孫有病牛不通其饋不食而死遂輔叔孫庶子叔孫婼也而立之是為昭子昭子既立朝其家眾曰豎牛禍叔孫氏使亂大從從順也殺適立庶又披其邑以求舍罪南遺助牛殺仲壬牛取東鄙三十邑以與之披散也罪莫大焉必速殺之遂殺豎牛孔子曰叔孫昭子之不勞勞功也不以立己為功也不可能也周任有言曰周任古之賢人為政者不賞私勞不罰私怨詩云有覺德行四國順之覺直也大雅抑之辭昭子有焉

晉邢侯與雍子皆楚人爭田晉邑鄐地田○鄐許六切叔魚攝理叔魚

羊舌鮒也理獄官名時士景伯如楚叔魚權攝景伯理事罪在雍子雍子納其女於叔魚叔魚蔽獄邢侯蔽斷也斷罪歸邢侯邢侯怒殺叔魚與雍子於朝韓宣子名起問罪於叔向時宣子命斷舊獄在雍子乃問殺叔魚之罪於向也叔向曰三姦同罪施生戮死可也謂行生者之刑戮死者之刑罪雍子自知其罪而賂以買直鮒也鬻獄邢侯專殺其罪一也已惡而掠美為昏昏亂也已惡而貪賂以取善為亂貪以敗官為墨官官常也墨墨同謂貪污而不潔也殺人不忌為賊忌憚也夏書曰昏墨賊殺夏書夏禹之書也殺謂三者皆當大辟之刑咎陶之刑也咎姓即皐姓陶夏士官名請從之乃施邢侯行生者之刑也而尸雍子叔魚於市戮死之罪孔子曰叔向古之遺直也治國制刑不隱

於親三數叔魚之罪不為末減末謂薄也曰義可謂直矣平丘之會數其指叔魚賄濆貨也以寬衛國晉不為暴諸侯會於平丘晉兵次於衛地淫芻蕘者衛人患之賂叔向以請向曰叔魚瀆貨若以賜之其已衛人從之鮒為禁之歸魯季孫稱其詐紿季孫也以寬魯國晉不為虐平丘之會晉執季孫意如子服惠伯湫使穆子荀吳言於韓宣子起將歸之惠伯責晉盟而遣之不欲私歸宣子子惠之謂叔向向曰子能歸季孫乎曰不能鮒也能叔魚見季孫泣且紿之曰聞為子除館西河若之何季孫懼先歸留惠伯待遺禮邢侯之獄言其貪鬻獄也以正刑書晉不為頗頗偏也三言而除三惡加三利暴衛虐魯頗晉三姦三惡也不暴不虐不頗三利也殺親益榮殺其弟而名益顯由義也夫

鄭有鄉校之士非論執政嚴明大夫嚴然明蔑也欲毀鄉校

子產曰何以毀為也夫人朝夕退而遊焉以議執政之善否其所善者吾則行之其所否者吾則改之若之何其毀也我聞忠善以損怨為忠善則怨謗息不聞立威以防怨防怨猶防水也大決所犯傷人必多吾弗克救也不如小決使導之不如吾聞而藥之導之使通又不如存之自治也孔子聞是言也曰吾以是觀之人謂子產不仁吾不信也

晉平公會諸侯於平丘齊侯及盟鄭子產爭貢賦之所承承貢賦之次曰昔日左無日字天子班貢輕重以列尊卑貢周之制也卑而貢重者甸服甸服王圻之內與圻外諸侯異故貢重也

鄭伯男南也而使從公侯之貢南左作男古字作南亦多有作此南連言之猶言公侯也懼弗給也敢以為請自日中爭之以至于昏晉人許之孔子曰子產於是行也足以為國基也詩云樂只君子邦家之基本也子產君子之於樂者能為國之本則人樂藝也且曰合諸侯而藝貢事禮也藝分別貢獻之事也

鄭子產有疾謂子太叔曰我死子必為政唯有德者能以寬服民其次莫如猛夫火烈民望而畏之故鮮死焉水濡弱民狎而翫之狎易也翫習也則多死焉故寬難

子產卒子太叔為政不忍猛而寬鄭國多掠盗抄掠太叔悔之曰吾早從夫子必不及此孔子聞之曰善哉

政寬則民慢慢則糾於猛糾猶攝也猛則民殘猛政民殘民殘則施之以寬寬以濟猛猛以濟寬寬猛相濟政是以和詩曰民亦勞止汔可小康汔危也勞民人病汔可小安故以安也惠此中國以綏四方施之以寬也毋縱詭隨以謹無良詭隨不顧是非而妄隨人者小惡也亦毋縱而小懲之式遏寇虐憯不畏明憯詩作憯○七感切曾也言此寇虐之人曾不畏天之明命也故毋縱詭隨小惡之人則無良之人肅而寇虐之人止也糾之以猛也柔遠能邇以定我王平之以和也柔安也能順習也言遠者安而近者順而王室定也已上三章皆大雅民勞之辭又曰不競不絿不剛不柔布政優優百祿是遒和之至也競彊也絿緩也遒聚也此商頌長發之辭子產之卒也孔子聞之出涕曰古之

遺愛也

孔子適齊過泰山之側有婦人哭於野者而哀夫子式而聽之曰此哀一似重有憂者使子貢往問之而曰昔舅死於虎吾夫又死焉今吾子又死焉子貢曰何不去乎婦人曰無苛政子貢以告孔子孔子曰小子識之苛政猛於暴虎

晉魏獻子為政（獻子魏舒）分祁氏及羊舌氏之田（荀櫟滅晉大夫祁氏羊舌氏故獻子分其田）以賞諸大夫及其子戌（魏戌舒之庶子）皆以賢舉也又將賈辛曰今汝有力於王室吾是以舉汝周有子朝之亂（賈辛帥師救周）行乎敬之哉毋墮乃力（一作切）孔子聞

之曰魏子之舉也近不失親子可舉而舉也遠不失舉不以遠故不舉可謂美矣又聞其命賈辛以為忠詩云永言配命自求多福忠也此大雅文王之辭周公追述文王之德以戒成王欲其念爾祖之脩德以致福與獻子戒賈辛之意同為忠也○王曰言文王長配天命而行庶國亦當求多福人求多福忠也與今文少異魏子之舉也義其命也忠其長有後於晉國乎

趙簡子晉大夫鞅賦晉國一鼓鐵三十斤謂之鈞鈞四謂之石石四謂之鼓以鑄刑鼎著范宣子所為刑書按左傳范士匃無刑書事乃趙宣子盾也事在魯文公六年詳其後夷蒐下孔子曰晉其亾乎失其度矣夫晉國將守唐叔之所受法度唐叔成王母弟始封於晉以經緯其民者也經緯猶織以成文也卿大夫以序守之序次序也民是以能遵其

道而守其業貴賤不愆愆同所謂度也文公是以作執秩之官為被廬之法被廬晉地○按文公始霸蒐於被廬示民以禮作執秩以正其官為晉法蒐治兵也以為盟主今弃此度也而為刑鼎銘在鼎矣何以尊貴民將弃度而徵於書不復戴奉上也何業之守也民不奉上則上無所守也貴賤無序何以為國且夫宣子之刑夷之蒐也夷晉地○按襄公六年蒐於夷以治軍師使狐射姑為中軍趙宣子盾為佐靈公初年陽處父黨於趙氏改蒐於董易宣子為中軍射姑為佐宣子於是始為國政制晉法故趙簡子欲以鑄刑鼎也晉國亂制射姑怨處父殺之故曰亂制若之何其為法乎

楚昭王有疾卜曰河神為祟王弗祭大夫請祭諸郊王曰三代命祀祭不越望天子望祀天地諸侯祀江境內故曰祭不越望也

漢沮（子余切）漳（止良切）楚之望也（四水楚之所當祀也）禍福之至不是過也（不過境内山川）不穀雖不德河非所獲罪也遂不祭

孔子曰楚昭王知大道矣（求之於己不越祀也）其不失國也宜哉（楚為吳所滅昭王出奔已而復國）夏書曰維彼陶唐率彼天常（陶唐堯也率循也常道也）在此冀方（中國為冀）今失厥道亂其紀綱乃滅而亡（謂夏桀）又曰允出茲在茲由己率常可矣（言善惡各有類信出此則在此以能循常道斯可也）

衞孔文子使太叔疾出其妻而以其女妻之（疾娶於宋子朝其娣嬖子朝怒文子使疾出其妻而以己女妻之）疾誘其初妻之娣為之立宮與文子女如二妻之禮文子怒將攻之孔子舍蘧

伯玉之家文子就而訪焉孔子曰簠簋之事則嘗聞學之矣兵甲之事未之聞也退而命駕而行曰鳥則擇木木豈能擇鳥乎文子遽自止之曰圉也豈敢度其私哉度謀亦防衛國之難也將止會季康子問冉求之戰冉求既對之又曰夫子播之百姓質之鬼神而無憾恨也用之則有名康子言於哀公以幣迎孔子曰

句人之於冉求信之矣將大用之

齊陳恒齊相田常也弒其簡公齊君名壬孔子聞之三日沐浴而適朝告於哀公曰陳恒弒其君請伐之公弗許三請公曰魯為齊弱久矣子之伐也將若之何對曰臣

弑其君民之不與者半以魯之衆加齊之半可克也公曰子告季氏孔子辭（不告季氏）退而告人曰以吾從大夫之後不敢不告也

子張問曰書云高宗三季不言（書無逸高宗下有亮陰二字）言乃雍（和也）有諸孔子曰胡為其不然也古者天子崩則世子委政於冢宰三季成湯既殁太甲（湯世子太丁先卒太甲太丁長子）聽於伊尹武王既喪成王聽於周公其義一也

衛孫桓子（良夫）侵齊遇敗焉（與齊師會為齊所敗）齊人乘之執新築（地名）大夫仲叔于奚以其衆救桓子桓子乃免衛人以邑賞仲叔于奚于奚辭請曲懸之樂（禮天子宮懸四周諸侯軒

懸軒懸闕一面故謂之曲懸也繁纓以朝繁馬飾大帶也纓當馬膺以索帬銜以黃金為飾膺馬胸銜馬口勒也許之書在三官司徒書名司馬書服司空書勳也子路仕衛見其故以訪孔子孔子曰惜也不如多與之邑惟器與名不可以假人禮樂以器尊卑以名君之所司司主也名以出信信以守器器以藏禮有器然後得行其禮禮以行義義以生利義之和也利以平民政之大節也若以假人與人政也政亡則國家從之不可止也

公父文伯之母文伯名歜母穆伯妻敬姜也紡績不解文伯諫焉其母曰古者王后親織玄紞紞冠垂也公侯之夫人加之紘綖纓屈而上者謂之紘綖冠之上覆也卿之內子卿妻也為大帶緇布命

婦成祭服命婦大夫妻也祭服玄衣纁裳也列士之妻加之以朝服

庶士以下各衣其夫列士天子士皮弁素積諸侯上士玄端委貌秋而成事

烝而獻功王曰男女春秋而勤歲事冬祭而獻其功一作社而賦事春分祭社蓺農桑冬而烝

獻穀布帛之功男女紡績愆則有辟愆過同辟罪也聖王之制也今

我寡也爾又在位朝夕恪勤猶恐忘先人之業況有

怠惰其何以避辟孔子聞之曰弟子志之季氏之婦

可謂不過矣

樊遲問於孔子曰鮑牽事齊君執政不撓可謂忠矣

齊慶剋通於靈公夫人鮑牽知之以告國武子佐武子召慶剋而讓之慶剋告夫人夫人怒國武子相靈公以會於諸侯伐鄭高無咎鮑牽處守及公還將至高鮑閉門索客以備夫人訴之曰高鮑將不納君而

公子角遂刖鮑牽足夫人靈公母聲孟子也而君刖之其為至闇乎孔子曰古之士者國有道則盡忠以輔之國無道則退身以避之今鮑莊子食於淫亂之朝不量主之明暗以受大刑是智之不如葵葵猶能衛其足葵傾葉隨日轉故曰能衛足也

季康子欲以一井田出法賦焉按古法丘賦十六井為丘丘賦一乘一井田賦則每井賦一乘也使冉有訪孔子孔子子曰丘弗識也冉有三發卒曰終乃言曰子為國老待子而行若之何子之不言孔子不對亦不公言也而私於冉有曰求來汝弗聞乎先王制土籍田以力二十者受田五十畝三十者受田百畝六十收之而砥其

遠邇砥平也○按周禮近郊十一遠郊二十而三稍縣都皆無過十二稍釆邑也四井為邑四邑為丘四丘為甸四甸為縣四縣為都賦里以入而量其有無按左於商賈所居之廛計其利入多少而量其財業以為差周禮國宅無征園廛二十而一漆林二十而五任力以夫而議其老幼按左傜役以夫家為數老幼則復除於是乎有鰥寡孤疾老者軍旅之出則徵之無則已於軍旅之役則鰥寡孤疾或有所共無軍事則止之其歲收田一井出稯禾秉芻缶米其歲軍旅之歲也缶庾也十六斗曰庾十庾曰秉四秉曰筥十筥曰稯不是過也言軍旅之歲一井而所出不過如此非賦其一雜也先王以為足君子之行必度於禮施取其厚施以厚為德也事舉其中事以中為節斂從其薄若是其以丘亦足矣丘十六井不度於禮而貪冒無厭則雖以田賦將又

不足且季孫若欲行而取法則有周公之典在若欲犯法則苟行之又何訪焉

子游問於孔子曰夫子之極言子產之惠也可得聞乎孔子曰惠在愛民而已矣子游曰愛民謂之德教何翅施惠哉孔子曰夫子產者猶衆人之母也能食之弗能教也子游曰其事可言乎孔子曰子產以所乘之輿濟冬涉者是愛無教也

哀公問於孔子曰二三大夫皆勸寡人使隆敬於高年何也孔子對曰君之及此言將天下實賴之豈唯魯哉公曰何也其義可得聞乎孔子曰昔者有虞氏

貴德而尚齒夏后氏貴爵而尚齒殷人貴富而尚齒

富貴世祿之家周人貴親而尚齒虞夏殷周天下之盛王也

未有遺年者焉高年者貴於天下久矣次於事親是

故朝廷同爵而尚齒七十杖於朝君問則席君欲問之則為

之設席而問焉八十則不仕朝君問則就之而悌達乎朝廷

矣其行也肩而不竝不敢與長者竝肩也不錯則隨錯鴈行父黨隨行兄

黨鴈行也班白者不以其任於道路而悌達乎道路矣居

鄉以齒而老窮不匱記作遺強不犯弱衆不暴寡而悌

達乎州巷矣古之道五十不為甸役四丘為甸君田則起甸之卒徒

五十始老故不及也頒禽隆之長者長者多賜而悌達乎蒐狩矣軍

旅什伍同爵則尚齒而悌達乎軍旅矣夫聖王之教孝悌發諸朝廷行於道路至於州巷放於蒐狩循於軍旅則衆感（一作咸）以義死之而弗敢犯公曰善哉寡人雖聞之弗能成

哀公問於孔子曰寡人聞東益宅不祥（東益宅名）信有之乎孔子曰不祥有五而東益不與焉夫損人自益身之不祥弃老而取幼家之不祥釋賢而用不肖國之不祥老者不教幼者不學俗之不祥聖人伏匿愚者擅權天下不祥不祥有五東益不與焉

孔子適季孫季孫之宰謁曰君使人假於馬將與之

乎季孫未言孔子曰吾聞之君取於臣謂之取與於臣謂之賜臣取於君謂之假與於君謂之獻季孫色然悟曰吾誠未達此義遂命其宰曰自今已往君有取之一切不得復言假也

曲禮子貢問第三十九

子貢問於孔子曰晉文公實召天子而使諸侯朝焉晉文公會諸侯于溫召襄王且使狩於河陽因使諸侯朝天子作春秋云天王狩於河陽何也孔子曰以臣召君不可以訓亦書其率諸侯事天子而已

孔子在宋見桓魋自為石槨三年而不成工匠皆病

夫子愀然曰若是其靡也（靡過侈也）死不如速朽之愈也冉子僕曰禮凶事不豫此何謂也夫子曰既死而議謚謚定而卜葬既葬而立廟皆臣子之事非所豫屬也況自為之哉南宮敬叔以富得罪於定公奔衛衛侯請復之載其寶以朝夫子聞之曰若是其貨也喪（失位去國也）不若速貧之愈也子游侍曰敢問何謂如此孔子曰富而不好禮殃也敬叔以富喪矣而又弗改吾懼其將有後患也敬叔聞之驟如孔氏（以謝過也）而後循禮施（式至切）散焉

孔子在齊齊大旱春饑景公問於孔子曰如之何孔

子曰凶秊則乘駑馬力役不興馳道不脩馳道君行之道祈以幣玉君所祈請用幣及玉不用牲也祭祀不懸不作樂也祀以下牲當用大牢者用小牢此賢君自貶以救民之禮也

孔子適季氏康子晝居內寢孔子問其所疾康子出見之言終孔子退子貢問曰季孫不疾而問諸疾禮與孔子曰夫禮君子不有大故則不宿於外非致齊也非疾也則不晝處於內是故夜居外雖弔之可也晝居於內雖問其疾可也

孔子為大司寇國廐焚子退朝而之火所鄉人有自為火來者則拜之士一大夫再子貢曰敢問何也孔

子曰其來者亦相弔之道也吾為有司故拜之

子貢問曰管仲失於奢晏子失於儉與其俱失矣二者孰賢孔子曰管仲鏤簋而朱紘（鏤刻而飾之朱紘天子冕之紘）旅樹而反坫（旅施也樹屏也天子外屏諸侯內屏反坫在兩楹之間人君好會獻酬禮畢反爵於其上）山節藻梲（節栱也刻為山雲梲梁上楹也畫藻文也）賢大夫也而難為上（數其所為則有踰分之事而難為在其上者）晏平仲祀其先祖而豚肩不揜豆（言陋小也）一狐裘三十年賢大夫也而難為下（即其所為則有不及分之事而難為在其下者）君子下不僭上上不偪下

冉求曰昔臧文仲知魯國之政立言垂法于今不亡可謂知禮矣孔子曰若臧文仲安知禮夏父弗綦逆

祀而不止燔柴於竈以祀焉夫竈者老婦之所祭（謂祭祭報其功老婦主祭也）盛於甕尊於瓶非所柴也故曰禮也者由體也體不備謂之不成人設之不當猶不備也

子路問於孔子曰臧武仲率師與邾人戰于狐駘遇敗焉師人多喪而無罰古之道然與孔子曰凡謀人之軍師敗則死之謀人之國邑危則亡之（謀為人謀之謀軍國既敗危不能獨生也）古之正也其君在焉者有詔則無討（詔君之教也有君教則臣無討）

晉將伐宋使人覘之（觀也）宋陽門之介夫死（陽門宋城門也介夫被甲衛門者）司城子罕哭而哀覘之反言於晉侯曰陽門

之介夫亦而子罕哭之哀民咸說宋殆未可伐也孔子聞之曰善哉覘國乎詩云凡民有喪匍匐救之（此谷風之辭）子罕有焉雖非晉國其天下孰能當之（言雖非晉國但使天下有強者猶不能當也）是以周任有言曰民說其愛者弗可敵也

楚伐吳工尹商陽與陳弃疾追吳師及之弃疾曰王事也子手弓而可商陽手弓弃疾曰子射諸射之斃一人韔其弓（韔弓衣也韔丑亮切）又及弃疾謂之又及弃疾復謂之斃二人每斃一人輙掩其目止其御曰吾朝不坐燕不與（朝正朝燕燕朝不與言亦不在坐列也）殺三人亦足以反命

矣孔子聞之曰殺人之中又有禮焉子路怫然進曰人臣之節當君大事唯力所及死而後已夫子何善此子曰然如汝言也吾取其有不忍殺人之心而已

孔子在衛司徒敬之卒夫子弔焉主人不哀夫子哭不盡聲而退蘧伯玉請曰衛鄙俗不習喪禮煩吾夫子辱相焉孔子許之掘中霤而浴〔室中曰霤〕毀竈而綴〔綴音拙〕足襲於牀及葬毀宗而躐〔同躐〕行也〔按殷禮始死于中霤作坎設竈而浴浴畢毀竈龍明不有事于此也聯尸之足令勿強而僻戾可著履也既斂殯于廟及葬毀廟西垣以出躐壇上而行神位在廟門之外也躐躐跨也〕出於大門及墓男子西面婦人東面既封而歸殷道也孔子行之子游問曰君子

行禮不求變俗夫子變之矣孔子曰非此之謂也喪事則從其質而已矣殷尚質也

宣公八年六月辛巳有事于太廟而東門襄仲公子遂也卒壬午猶繹繹者祭之明日又祭以賓尸也禮大夫卒當祭則不告終事而聞則不繹仲遂國卿卒而猶繹失遇大臣之禮故問也子游見其故以問孔子曰禮與孔子曰非禮也卿卒不繹

季桓子喪康子練熟絲也而無衰子游問於孔子曰既服練服可以除衰乎孔子曰無衰衣不以見賓何以除焉

郕人以同母異父之昆弟死將為之服因顏克而問

禮於孔子子曰繼父同居者則異父昆弟從爲之服不同居繼父且猶不服況其子乎

齊師侵魯公叔務人（昭公子公爲也）遇人入保負杖而息（遇魯人避齊師將入保疲倦而負杖以息者也王曰保縣邑小城也則當作堡）務人泣曰使之雖病任之雖重（務人慨魯人之困於勞役厚斂也）君子弗能謀士弗能死（言在上者不能卒丁以死難也）不可也我既言之矣（務人將踐死難之言）敢不勉乎與其鄰嬖童汪錡乘往奔敵死焉皆殯魯人欲勿殤童汪錡問於孔子子曰能執干戈以衛社稷可無殤乎（言童有成人之行也）

魯昭公夫人吳孟子卒不赴於諸侯孔子既致仕而

往弔焉適于季氏季氏不經孔子投經而不拜以季氏不經故已亦不成禮也子游問曰禮與孔子曰主人未成服則弔者不經焉禮也

公父穆伯之喪敬姜晝哭文伯之喪晝夜哭孔子曰季氏之婦可謂知禮矣愛而無私上下有章上謂穆伯夫下謂文伯子哭夫以禮哭子以情禮之節也

南宮縚之妻孔子兄之女喪其姑而誨之髽去繩露髻曰髽曰爾毋從從從音總爾毋扈扈爾從從高扈扈大也言喪無容飾髽毋高大也蓋榛以為笄笄簪榛木為之長尺而總八寸總束髮垂為飾者

子張有父之喪公明儀相焉問啓當作稽顙於孔子孔

子曰拜而後稽顙頽乎其順（頽與隤同順也　頽徒回切）稽顙而後拜頎（頎懇同誠也　○頎口很切）乎其至也三年之喪吾從其至也（拜以為賓稽顙以致哀先敬後哀為順先哀後敬為至）

孔子在衛衛之人有送葬者而夫子觀之曰善哉為喪乎足以為法也小子識之子貢問曰夫子何善爾其往也如慕其返也如疑（不反其親之情也）子貢曰豈若速返而虞哉（返葬而祭謂之虞也）子曰此情之至者也小子識之我未之能也（未之能行言其情不易言也）

十人有母死而孺子之泣者孔子曰哀則哀矣而難繼也夫禮為可傳也為可繼也故哭踊有節而變除

有期

孟獻子禫懸而不樂可記作比御而不處內及當御而不入寢也

子游問於孔子曰若是則過禮也孔子曰獻子可謂加於人一等矣

魯人有朝祥祥一十四月之祭也而暮歌者子路笑之孔子曰由爾責於人終無已夫三年之喪亦已久矣子路出孔子曰又多乎哉又復也言去二十五月不多也踰月則其善

子路問於孔子曰傷哉貧也生而無以供養死則無以為禮也孔子曰啜菽飲水盡其歡心斯為之孝乎斂手足形旋葬而無槨旋便稱其財為之禮貧何傷乎

吳延陵季子聘於上國適齊於其返也其長子死於嬴博之間（嬴博地名）孔子聞之曰延陵季子吳之習於禮者也往而觀其葬焉其斂以時服而已（隨冬夏之服無所加）其壙掩坎深不至於泉其葬無盟器之贈既葬其封廣輪（廣橫也又東西曰廣輪縱也又南北曰輪○廣古曠切輪龍春切）掩坎其高可時隱也（記無時字）既封則季子乃左袒右還其封（還旋相與還而觀之○還取絹切又胡慣切）且號者三曰骨肉歸於土命也若魂氣則無所不之無所不之而遂行孔子曰延陵季子之禮其合矣

子游問喪之具孔子曰稱家之有亡焉子游曰有亡

惡於一作何齊記作劑量之齊○才詣切一說取中之意聲如字孔子曰有也則無過禮苟亾矣則斂手足形還葬還葬斂畢即葬不俟盡禮也○還旬緣切懸棺而封封彼驗切○以手懸繩而下無碑繂也碑下窆鹿盧柱也繂音律大索也人豈有非之者哉故夫喪亾與其哀不足而禮有餘不若禮不足而哀有餘也祭祀與其敬不足而禮有餘不若禮不足而敬有餘也

伯高死於衛赴與訃同於孔子子曰吾惡乎哭諸兄弟吾哭諸廟父之友吾哭諸廟門之外師吾哭之寢朋友吾哭之寢門之外所知吾哭諸野今於野則已踈於寢則已重夫由賜也而見我吾哭於賜氏遂命子

貢爲之主曰爲爾哭也來者女拜之知伯高而來者女勿拜既哭使子張往弔焉未至冉求在衛攝（貸也）束帛乘馬而以將之孔子聞之曰異哉徒使我不成禮於伯高者是冉求也

子路有姊之喪可以除之矣而弗除孔子曰何不除也子路曰吾寡兄弟而弗忍也孔子曰行道之人皆弗忍先王制禮過之者俯而就之不至者企而及之子路聞之遂除之

伯魚之喪母也期而猶哭夫子聞之曰誰也門人曰鯉也孔子曰嘻其甚也非禮也伯魚聞之遂除之

衛公使其大夫求婚於季氏桓子問禮於孔子子曰同姓爲宗有合族之義故繫之以姓而弗别綴之以食而弗殊君有食族人之禮雖親盡不異族食多少也雖百世昏姻不得通周道然也桓子曰魯衛之先雖寡兄弟今已絶遠矣可乎孔子曰固非禮也夫上治祖禰以尊尊之下治子孫以親親之旁治昆弟所以教睦也此先王不易之教也

有若問於孔子曰國君之於百姓如之何孔子曰皆有宗道焉故雖國君之尊猶百世不廢其親所以崇愛也雖於族人之親而不敢戚君所以謙也戚親也尊敬君

不敢如其親也

曲禮子夏問第四十

子夏問於孔子曰居父母之仇如之何孔子曰寢苫苫覆艸也蓐以覆席○苫慈鹽切枕干楯也不仕弗與共天下也遇於朝市不返兵而鬬兵常不離於身曰請問居昆弟之仇如之何孔子曰仕弗與同國銜君命而使式至切雖遇之不鬬曰請問從才仲切昆弟之仇如之何曰不為魁主人指其衆昆弟而言能報之則執兵而陪陪隨助也其後

子夏問三秊之喪既卒哭金革之事無避禮與初有司為之乎有司當吏職也孔子曰夏后氏之喪三秊既殯而

致事殷人既葬而致事周人既卒哭而致事（致事還政於君也卒哭卒無時之哭大夫三月而葬五月而卒哭士既葬而卒哭也）記曰君子不奪人之親亦不可奪親也（親記作喪既曰不奪人親喪之情恕也亦不自奪其親喪之情孝也）子夏曰金革之事無避非與孔子曰吾聞諸老聃曰魯公伯禽有為為之也（伯禽有母之喪東方有戎為不義伯禽為方伯以不得不誅之）今以三年之喪從利者（記作從其利謂攻取之利也）吾弗知也

子夏問於孔子曰記云周公相成王教之以世子之禮有諸孔子曰昔者成王嗣立幼未能莅阼周公攝政而治抗（舉行也）世子之法於伯禽欲王之知父子君

臣之道所以善成王也夫知為人子者然後可以為人父知為人臣者然後可以為人君知事人者然後可以使人是故抗世子之法於伯禽使成王知父子君臣長幼之義焉凡君之於世子親則父也尊則君也有父之親有君之尊然後兼天下而有之記有是故養世子句不可不慎也行一物物猶事也而三善皆得唯世子齒於學之謂也世子齒於學則國人觀之曰此將君我而與我齒讓何也曰有父在則禮然然而衆知父子之道矣其二曰此將君我而與我齒讓何也曰有君在則禮然然而衆知君臣之義也其三曰此將君我

而與我齒讓何也曰長長也則禮然然而衆知長幼之節矣故父在斯為子君在斯為臣居子與臣之位所以尊君而親親也在記作故學學之為父子焉學之為君臣焉學之為長幼焉父子君臣長幼之道得而後國治語曰樂正司業父師司成司業大樂正授教肄業者也司成太少傅及師保有父道成生人者也一有元良萬國以貞王曰一謂天子也元善太子也書曰一人無有字世子之謂也聞之曰為人臣者殺其身而有益於君則為之況于其身疏曰于讀若迂曲也王曰寬也大也即下優為之義以善其君乎周公優為也

子夏問於孔子曰居君之母與妻之喪如之何孔子

曰居處言語飲食衎和樂意爾於喪所則稱其服而已謂容色與服稱情而已○稱丑正切敢問伯母之喪如之何孔子曰伯母叔母疏衰期而踊不絕地姑姊妹之大功踊絕於地若知此者由文矣哉因情以為踊之輕重能用禮之節文也

子夏問於孔子曰凡喪小功已上虞葬而祭也祔合祖祭也練朞年祭也祥三年祭也之祭皆沐浴於三年之喪子則盡其情矣謂祥而後浴也孔子曰豈徒祭而已哉三年之喪身有瘍則浴首有創平聲傷也○浴作瘡則沐病則飲酒食肉毀瘠而病君子不為也毀瘠而死者君子謂之無子句則祭之沐浴為齊潔也非為飾也

子夏問於孔子曰客至無所舍而夫子曰生於我乎館客死無所殯夫子曰於我乎殯敢問禮與仁者之心與孔子曰吾聞諸老聃曰館人使（句式至反）若有之惡（汪胡反）有有之而不得殯乎夫仁者制禮者也故禮者不可不省也禮不同不異不豐不殺稱其義以爲之宜故曰我戰則剋祭則受福蓋得其道矣

孔子食於季氏食祭主人不辭不食（饗也）亦不飲而飱（以飲澆飯也）子夏問曰禮也孔子曰非禮也從主人也吾食於少施氏而飽少施氏食我以禮吾食祭作而辭曰疏食不足祭也吾飱作而辭曰疏食不敢以傷吾

子之性主人不以禮客不敢盡禮主人盡禮則客不敢不盡禮也

子夏問曰官於大夫既升於公為公臣也而反為之服禮與孔子曰管仲遇盜取二人焉上之為公臣曰所與游辟也原其所游相誘為盜爾可人也言猶可用也公許管仲卒桓公使為之服官於大夫者為之服自管仲始也有君命焉

子貢問居父母喪孔子曰敬為上哀次之瘠為下顏色稱情戚容稱服曰請問居兄弟之喪孔子曰則存乎書策已言當依禮經所載而行若父母之喪其哀容體狀則經不能備也

子貢問於孔子曰殷人既窆而弔於壙周人反哭而弔於家如之何孔子曰反哭之弔也哀之至也反而亡矣失之矣於斯為甚故弔之言不復得見其親哀於是為甚故弔之殷人卒事也殷以慤也大質吾從周殷人既練練朞秊祭也之明日而祔于祖周人既卒哭虞而卒哭葬而祭也之明日祔于祖祔祭神之始事也舉新主入廟以鬼事之也周以戚言急於鬼事其親也吾從殷

子貢問曰聞諸晏子少連大連善居喪其有異稱乎求其所以善也孔子曰父母之喪三日不怠三月不解期悲哀三秊憂東夷之子達於禮者也

子游問曰諸侯之世子喪慈母如母禮與孔子曰非禮也古者男子外有傅父内有慈母君命所使教子者也何服之有昔魯孝公少喪其母其慈母良及其死也公弗忍欲喪之有司曰禮國君慈母無服今也君為之服是逆古之禮而亂國法也若終行之則有司將書之以示後世無乃不可乎公曰古者天子喪慈母練冠以燕居（謂庶子王為其母也）遂練以喪慈母喪慈母如母始則魯孝公之為也

孔子適衛遇舊館人之喪入而哭之哀出使子貢脫驂以贈之子貢曰於所識之喪不能有所贈贈於舊

館不已多乎孔子曰吾向入哭之遇一哀而出涕吾惡夫涕而無以將之一哀而出涕情已厚矣則禮不可以不厚若不賻則吾涕之厚無以將之為無從也小子行焉

子路問於孔子曰魯大夫練朞年祭名而杖禮與孔子曰吾不知也子路出謂子貢曰吾以為夫子無所不知夫子亦徒有所不知也子貢曰子所問何哉子路曰由問魯大夫練而杖禮與夫子曰吾不知也子貢曰止吾將為子問之遂趨而進曰練而杖禮與孔子曰非禮也子貢出謂子路曰子謂夫子而弗知之乎夫子徒無所不知也子問非也禮居是邦則不非其大

夫

叔孫武叔之母死既小斂舉尸者出戶武孫從之出戶乃祖祖宜改為祖○按禮小斂畢主人括髮而祖奉尸以出戶武叔尸出戶後祖故子路疑之投其冠而括髮子路嘆之孔子曰是禮也子路問曰將小斂則變服今乃出戶而夫子以為知禮何也孔子曰由女問非也君子不舉人以質士質猶正也不舉人以質士如上不非其大夫

齊晏桓子卒平仲麤衰斬苴苴黎黑麻也○苴子余切絰帶杖句言皆苴也按喪服小記曰苴杖竹也按疏曰苴者黯也則杖本用竹但以苴之色言耳惟絰帶則直用黑麻也以菅菅已漚艸也○菅居顏切饘食粥居倚廬寢苫苫艸也以覆席○苫慈

盟切枕艸記作内上堀也○音夬切其老曰非大夫𡚁父之禮也晏子曰唯卿大夫曾子以問孔子孔子曰晏平仲可謂能遠害矣不以已知是駁人之非遜遜同辭以避咎義也夫

季平子名意如卒將以君之璠璵斂按昭公初出於乾侯平子行君事嘗珮璠璵故桓子期欲用以斂也贈以珠玉按禮當塈主人贈玄纁各二不以珠玉孔子初為中都宰聞之歷級而救焉歷級遽登階不聚足急救其過也曰送而以寶玉是猶曝尸於中原也其示民以姦利之端而有害於死者安用之且孝子不順情以危親忠臣不兆姦以陷君兆姦為姦之兆端也乃止

孔子之弟子琴張與宗魯友衛齊豹見（薦也）宗魯於公子孟縶（靈公之兄）孟縶以爲參乘焉及齊豹將殺孟縶（縶奪豹司寇與鄄邑豹將爲亂）告宗魯使行宗魯曰吾由子而事之今聞難而逃是僭子也（使豹失薦己之信）子行事乎吾將死以周事子（周豹薦己之事）而歸死於公孟可也（時公孟將祭於蓋獲之門外宗魯驂乘及閎中）齊氏用戈擊公孟宗魯以背蔽之斷肱中公孟宗魯皆死琴張聞宗魯死將往弔之孔子曰齊豹之盜而孟縶之賊也（賊殺也謂豹之爲盜而縶之見殺皆宗魯許豹行事之故）女何弔焉君子不食姦（知公孟之不善而食其祿食姦也）不受亂（許豹行事受亂也）不爲利病於回（回邪也以利故不能去病邪）不以回事人（左作

待人知難不告以邪待人也不盖非義周事於豹盖不義也不犯非禮二心事縶犯非禮也女何弔焉琴張乃止

郕人子蒲卒哭之呼滅滅子蒲名王曰人少以滅名者又哭而名其父不近人情疑以孤窮自謂亾滅也子游一作皐曰若是哭也其野哉孔子惡野哭者哭者聞之遂改之

公父文伯卒其妻妾皆行哭失聲敬姜戒之曰吾聞好外者士死之好內者女死之今吾子早夭吾惡其以好內聞也二三婦人之欲供先祀言欲留不改嫁供奉先人之祀請無瘠色無揮涕無捬膺揮涕不哭流涕以手揮之捬猶撫也膺謂胷也無哀容無加服有降服從禮而靜是昭吾子也孔子聞

之曰女智無若婦男智莫若夫公父氏之婦智矣剖
情損禮欲以明其子為令德也
子路與子羔仕於衛衛有蒯聵之難孔子在魯聞之
曰柴也其來由也死矣既而衛使至曰子路死焉夫
子哭之於中庭有人弔者而夫子拜之已哭進使者
而問故使者曰醢之矣（言已為肉醬也）遂令左右皆覆醢曰
吾何忍食此
季桓子（名斯）死魯大夫朝服而弔子游問於孔子曰禮
乎夫子不答他日又問于曰始死則矣（矣或作以）羔裘玄
冠者易之而已女何疑焉

子罕問於孔子曰始死之設重也何為孔子曰重主主神主也道也殷主綴重焉周人徹重焉重平聲初殯而立旌木以依神鉼非毛而有主道焉天子湩也殷禮殯於廟連其重九尺以次損短士三尺綴而懸之周禮虞而作主徹重而埋之請問喪朝喪將葬朝於廟而後行為子曰喪之朝朝見於祖考廟也也順死者之孝心故至於祖考廟而後行殷朝而後殯於祖周朝而後遂葬

孔子之守狗死謂子貢曰路馬死路馬常所乘馬則藏之以帷狗則藏之以蓋女往埋之吾聞敝幃不弃為埋馬也敝蓋張帛也不弃為埋狗也今吾貧無蓋於其封也與之席無使其首陷於土焉

曲禮公西赤問第四十一

公西赤問於孔子曰大夫以罪免卒其葬也如之何孔子曰大夫廢其事終身不仕死則葬之以士禮老而致仕者死則從其列

公儀仲子嫡子死而立其弟檀弓問子服伯子何居我未之前聞也子服伯子曰仲子亦猶行古人之道昔者文王捨伯邑考而立武王按史記周同姓世家伯邑考文王長子同母兄弟十人惟發旦賢左右輔文王故文王舍伯邑考而以發為太子文王崩子發立是為武王武王克商封同母兄弟八人而伯邑考已先卒後武王崩子誦立是為成王故孔子曰周制立孫也微子捨其孫腯立其弟衍微子適子先卒立其弟衍是為微仲子游以問諸

孔子曰否周制立孫

孔子之母既喪將合葬焉曰古者不祔葬為不忍先死者之復見也詩云死則同穴自周公已來祔葬矣故衛人之祔也離之有以間焉魯人之祔也合之美夫吾從魯遂合葬於防曰吾聞之古墓而不墳今丘也東西南北之人不可以弗識也吾見封之若堂者矣（堂形四方而高者）又見若防者矣（防上平旁殺南北長也）又見覆夏屋（旁廣而卑也）者矣又見若斧形者矣吾從斧者焉（從其儉也）於是封之崇四尺孔子先反虞門人後雨甚至墓崩脩之而歸孔子問焉曰爾來何遲對曰防墓崩孔子

不應三云孔子泫然而流涕曰吾聞之古不脩墓及二十五月而大祥五日而彈琴不成聲十日過禫而成笙歌按禮二十五月而大祥二十七月而禫十日過禫言孔子二十七月有奇而後哀節也孔子有母之喪既練練朞季祭也疑作歛陽虎弔焉私於孔子曰今季氏將大饗境內之士子聞諸孔子曰丘弗聞也若聞之雖在衰絰亦欲與往陽虎曰子謂不然乎季氏饗士不及子也陽虎出曾點問曰吾之何謂也孔子曰己則衰服猶應其言示所以不非也孔子衰服陽虎之言犯禮矣故孔子答之以示不非其言也

顏回死魯定公弔焉使人訪於孔子孔子對曰凡在

封內皆臣子也禮君弔其臣升自東階向尸而哭其

恩賜之施不有筭也筭與算同言不討也

原思言於曾子曰夏后氏之送葬也用盟盟記作明器示

民之歿者無知也殷人用祭器示民之歿者有知也周人

兼而用之示民疑也曾子曰其不然乎言非有知無知之謂夫

盟器鬼器也祭器人器也古之人胡為而歿其親也

言夏后氏不忍以無知待其親也子游問於孔子子曰之歿之歿送歿者之

往也而致歿乎不仁不可為也送歿而極以歿禮待之是無愛之之情之

歿而致生乎不智不可為也送歿而極以生禮待之是不明其理也凡

為盟器者知喪道也備物而不可用也是故竹不成

用謂籩之無緣也而瓦不成膝膝檀弓作味沫也言質粗而無黑光也疑漆字之誤琴瑟張而不平不可彈也笙竽備而不和有鍾磬而無簨簴簨簴可以懸鐘磬者簨先尹切簴其舉切○其曰盟器神明之也哀哉死者而用生者之器不殆於用殉也殺人以從死謂之殉

子游問於孔子曰塟者塗車芻靈自古有之然今人或有偶偶亦人也是無益於喪孔子曰為芻靈者善矣為偶者不仁不殆於用人乎

顏淵之喪既祥三年祭也顏路饋祥肉於孔子孔子自出而受之入彈瑟以散情而後乃食之

孔子嘗奉薦而進嘗秋祭也其親也慤親謂親奉薦也慤質也朴也其

行也趨趨（趨音促）以數（言少威儀）已祭子貢問曰夫子之言祭也濟濟漆漆（漆音切）焉（威儀容止）今夫子之祭無濟濟漆漆何也孔子曰濟濟者容也遠也（王曰言賓客疏遠之容也）漆漆者自反（王曰謂安之之容也）容以遠若容以自反夫何神明之及交必如此則何濟濟漆漆之有（按記曰濟濟者衆盛之容非所以接親親也漆漆者專致之容所以自脩整也何濟濟漆漆之有言非所以祭其親也）反饋樂成進則燕組序其禮樂備其百官（反饋以下言天子諸侯祭畢而燕之儀也）於是君子致其濟濟漆漆焉夫言豈一端而已哉亦各有所當也

子路為季氏宰季氏祭逮昏而奠（逮昏未明）終日不足繼

以燭雖有彊力之容肅敬之心皆倦怠矣有司跛倚（偏任也）以臨事其為不敬也大矣他日祭子路與焉室事交於戶（執事於室者交於戶之內外）堂事當於階（執事於堂者當於階之上下）質明而始行事（質明平明也）晏朝而徹孔子聞之曰以此觀之孰謂由也而不知禮

衛莊公之反國也改舊制變宗廟易朝市高子臯問於孔子曰周禮繹祭於祊祊在廟門之西前朝而後市今衛君欲其事事一更之如之何孔子曰繹之於庫門內祊之於東市朝於西方失之矣

季桓子將祭齊三日而二日鐘鼓之音不絕冉有問

於孔子子曰孝子之祭也敬齊七日慎思其事三日致齊而一用之積一而川之也猶恐其不敬也而二日伐鼓何居焉

公父文伯之母季康子之從才從切祖母康子往焉側門而與之言曰皆不踰閾側門於門之側而與之言言不外出身不踰門限也文伯祭其祖悼子康子與焉悼子文伯始祖進俎而不授進俎康子而不親授徹俎而不與燕徹俎之後而不與歡燕之坐宗老不具則不繹繹又祭宗老大夫家臣也典祭祀及宗族之事不具不在也繹不盡飫則退飫厭也不盡厭飲之禮而去也孔子聞之曰男女之別禮之大經公父氏之婦動中德趨度於禮矣

季康子朝服以縞曾子問於孔子曰禮乎孔子曰諸侯皮弁告朔然服之以視朝若此禮者也朝服以縞僭宋禮也

孔子惡指斥康子但言諸侯皮弁以告朔卒然後朝服以視朝朝服明不用縞也按服志夏尚黑殷尚白周兼用之而皮弁縞服以告朔受聘故王曰朝服以縞僭宋禮也宋殷之後也皮弁白鹿為之皮弁縞服即禮器所謂至敬無文以素為貴者也

孔聖家語圖卷之十八

武林後學吳嘉謨集校

本姓解第四十二

孔子之先宋之後也微子啓帝乙之元子紂之庶兄以圻內諸侯入為王卿士（微國名子爵）初武王尅殷封紂之子武庚於朝歌使奉湯祀武王崩而與管蔡霍三叔作難周公相成王東征之二年罪人斯得乃命微子代殷後（微子名啓史記作開食菜於微子爵也）作微子之命申之與國於宋徙殷之子孫唯微子先往（謂先抱祭器奔周）故封之賢（句史記作故能仁賢殷之餘民甚戴之微子卒）其弟曰仲思名衍或名泄

嗣微之後故號微仲生宋公稽胄子雖遷爵易位而班級不及其故者得以故官為稱故二微雖為宋公而猶以微之號自終至於稽乃稱公焉宋公生丁公申申公生緡公共及襄公熙熙生弗父何及厲公方祀方祀以下世為宋卿弗父何生宋父周周生世子勝勝生正考甫考甫生孔父嘉五世親盡別為公族故後以孔為氏焉一曰孔父者生時所賜號也是以子孫遂以氏族孔父生子木金父金父生睪夷睪夷生防叔避華氏之禍而奔魯按左傳桓公元秊為宋殤公初秊華父督見孔父嘉之妻美欲奪之二秊督殺孔父嘉而取其妻何孟春謂杜預循父嘉為孔子六世祖此云至防叔始

奔魯，去華督殺孔父嘉三世矣，於事不相次。按宋世家華督弑逆為殤公十年，而莊公立凡九年，至湣公十一年，宋卿南宮萬弑湣公，因殺華督，諸公子與華黨爭弑立，國亂，孔防叔避亂乃在宋湣公末年，非即宋殤公初年父嘉之阢也。方叔生伯夏，伯夏生叔梁紇，曰：雖有九女而無子，其妾生孟皮，孟皮一字伯尼，有足病，於是乃求婚於顔氏。顔氏有三女，其小曰徵在。顔父問三女曰：陬大夫雖父祖為士，然其先聖王之裔，今其人身長十尺，武力絶倫，吾甚貪之。雖年長性嚴，不足為疑。三子孰能為之妻？二女莫對。徵在進曰：從父所制，將何問焉？父曰：即爾能矣。遂以妻之。徵在既往廟見，以夫之年大，懼不時有勇，而私禱尼丘之山以祈焉生孔子故名丘字仲尼孔子三歲而叔梁紇卒葬於防至十九娶於宋之幵（音堅）官氏一歲而生伯魚魚之生也魯昭公以鯉魚賜孔子榮君之貺故因以名曰鯉而字伯魚魚年五十先孔子卒

齊太史子與適魯見孔子孔子與之言道子與說曰吾鄙人也聞子之名不覩子之形久矣而求知之寶貴也（疑有闕誤）乃今而後知泰山之為高淵海之為大惜乎夫子之不逢明王道德不加於民而將垂寶以貽後世遂退而謂南宮敬叔曰今孔子先聖之嗣自弗父何以來世有德讓天所祚也成湯以武德王天下

其配在文殷宗以下未始有也孔子生於衰周先王典籍錯亂無紀而乃論百家之遺記考正其義祖述堯舜憲章文武删詩述書定禮理樂制作春秋讚明易道垂訓後嗣以為法式其文德著矣然凡所教誨束脩已上三千餘人或者天將欲與素王之乎與一作興一無之字夫何其盛也敬叔曰殆如吾子之言夫物莫能兩大吾聞聖人之後而非繼世之統其必有興者焉今夫子之道至矣乃將施之無窮雖欲辭天之祚故未得耳子貢聞之以二子之言告孔子子曰豈若是哉亂而治之滯而起之自吾志天何與焉

終記解第四十三

孔子晨作（作起）負手曳杖逍遥於門而歌曰泰山其頽乎梁木其壞乎（梁木，木主為梁者）喆人其萎乎（萎頓）既歌而入當户而坐子貢聞之曰泰山其頽則吾將安仰梁木其壞吾將安仗（呈兩切）喆人其萎吾將安放夫子殆將病也遂趨而入夫子歎而言曰賜女來何遲予疇昔夢坐奠於兩楹之間（疇昔猶近昨夜，兩楹之間，殷人所殯處，而具奠於殯處，故自知殁也）夏后氏殯於東階之上則猶在阼（阼主位也）殷人殯於兩楹之間（兩楹賔主相夾之位也）即與賔主夾之周人殯於西階之上（西階賔位也）則猶賔之而丘也殷人也夫明王不興則天下其孰能宗余言天下無明王莫能宗己余道臨終傷道之不行也逮將殁遂寢病七日而終時年七十三矣哀公誄曰昊天不弔不憖遺一老俾屏余一人以在位煢煢余在疚於乎哀哉尼父無自律不弔閔魯也憖且也俾使也屏輔也煢獨也疚病也律法也言無尼父無以為法也子貢曰公其不殁於魯乎不殁於魯言不得其殁二十七年如越果不殁於魯夫子有言曰禮失則昏名失則愆失志為昏失所為愆生不能用殁而誄之非禮也稱一人非名一人天子之稱也君兩失之矣既卒門人疑所服夫子者按疏曰士弔服疑衰麻謂環絰也一股絰也子貢曰昔夫子之喪顏回也若喪其子而無服喪子路亦然今請喪夫子

如喪父而無服於是弟子皆弔服而加麻出有所之則由經也 由用也 子夏曰入宜經可居出則不經子游曰吾聞諸夫子喪朋友居則經出則否喪所尊雖經而出可也孔子之喪公西赤掌殯塟焉唅以疏米三貝 疏嘉蔬貝海介也 襲衣十有一稱加朝服一冠章甫之冠珮象環徑五寸而綦組綬 綦雜色組綬所以繫環象 桐棺四寸柏椁五寸飾棺牆 音牆幃也 置翣 音歃形如扇棺飾也 設披周也設崇殷也綢練設旐夏也 披柩行夾引棺者崇崇牙刻繒為旌旗之飾綢練綢盛旌旗之竿練素錦也以素錦於杠首設長尋之旐塟時轝車所建也 兼用三王禮所以尊師且備古也塟於魯城北泗水上藏入地不及泉而封為

偃斧之形高四尺樹松柏爲志焉弟子皆家於墓行心喪之禮既葬有自燕來觀者舍於子夏氏子貢謂之曰吾亦人之葬聖人非聖人之葬人子奚觀焉昔夫子言曰吾見封若夏屋者記夏屋上有封之若堂若防八字夏屋今之殿形中高而傍下也見若斧矣從若斧者也上狹難登文易爲功也馬鬣封之謂也鬗鬣同馬鬣上薄封形似之今徒一日三斬板而以記作已封板廣二尺長六尺斬板謂斬其縮縮繩也縮斬則上傍殺言易就也尚行夫子之志而已何觀乎哉二三子三年喪畢或留或去惟子貢廬於墓六年自後群弟子及魯人處於墓如家者百有餘家因名其居曰孔里焉

七十二弟子解第四十四 古本皆大書見別本而古本未備者分註

其下

顏回魯人字子淵少孔子三十歲年二十九而髮白三十一早死 此書久遠年數錯誤未可詳校○顏回死時孔子年六十一歲然伯魚五十先孔子卒卒時孔子且七十此謂顏回先伯魚死而論語云顏回之死顏路請子之車以為之椁子曰鯉也死有棺而無椁或以為誤 孔子曰自吾有回門人日益親 顏回為孔子疏附之友能使門人益親夫子 回以德行著名孔子稱其仁焉

閔損魯人字子騫少孔子五十歲以德行著名夫子稱其孝焉

冉耕魯人字伯牛以德行著名有惡疾孔子曰命也

夫

冉雍字仲弓伯牛之宗族少孔子二十九歲生於不肖之父以德行著名孔子稱其可使南面

宰予字子我魯人有口才以言語著名仕齊為臨菑大夫與田常為亂夷其三族孔子耻之曰不在利病其在宰我言宰予為利病

端木賜字子貢衛人少孔子三十一歲有口才著名孔子每詘其辯家富累千金常結駟連騎以造原憲原憲居蒿廬蓬戶之中與之言先王之義原憲衣弊衣冠并日蔬食既蔬食并日而後食也衍然有自得之志子貢曰

甚矣子之病也原憲曰吾聞無財者謂之貧學道不能行者謂之病吾貧也非病也子貢慙終身恥其言之過子貢好販與時轉貨歷相魯衛而終於齊

冉求字子有仲弓之宗族少孔子二十九歲有才藝以政事著名仕為季氏宰進則理其官職退則受教聖師為性多謙退故孔子曰求也退故進之

仲由弁人也字子路一字季路少孔子九歲有勇力才藝以政事著名為人果烈而剛直性鄙而不達於變通仕衛為大夫遇蒯聵與其子輒爭國子路遂死輒難孔子痛之曰自吾有由而惡言不入於耳子路為孔

禦侮之友故惡言不入夫子之耳

言偃吳人字子游少孔子三十五歲特習於禮以文學著名仕為武城宰嘗從孔子適衛與將軍子蘭相善使之受學於夫子

卜商衛人（鄭玄曰溫國人今河內溫縣屬衛）字子夏少孔子四十四歲習於詩能誦（疑作通）其義（子夏所敘詩義今之毛詩序是也）以文學著名為人性不弘好論精微時人無以尚之嘗返衛見讀史志者云晉師伐秦三豕度河子夏曰非也已亥耳讀史志者問諸晉史果曰己亥於是衛以子夏為聖孔子卒後教於西河之上魏文侯師事之而諮

國政焉

顓孫師陳人字子張少孔子四十八歲爲人有容貌資質寬冲博接捷同從容自務居不務立於仁義之行子張不侮鰥寡性豈弟寬冲然不務立仁義之行故子貢激之以爲未仁也孔子門人友之而弗敬

曾參南武城人武城魯邑有兩武城故稱南以別之字子輿少孔子四十六歲志存孝道故孔子因之以作孝經齊嘗聘欲以爲卿而不就曰吾父母老食人之祿則憂人之事故吾不忍遠親而爲人役參後母遇之無恩而供養不衰及其妻以藜烝不熟因出之人曰非七出也參

曰棃烝小物耳吾欲使熟而不用吾命况大事乎遂出之終身不取妻其子元請焉告其子曰高宗以後妻殺其子孝已尹吉甫以後妻放伯奇吾上不及高宗中不比吉甫庸知其得免於非乎

澹臺滅明武城人字子羽少孔子四十九歲有君子之姿孔子嘗以容貌望其才其才不充孔子之望史記此下有退而脩行云云然其為人公正無私以取與去就以諾為名此上疑有闕誤史記設取與去就名施乎諸侯云云疑即此之誤也

高柴齊人高氏之别族齊敬仲高傒十代孫也字子羔少孔子四十歲長不過六尺狀貌甚惡為人篤孝而有法正

一無正字少居魯見知名於孔子之門仕為武城宰

宓不齊魯人字子賤少孔子四十九歲仕為單父宰

有才智仁愛百姓不忍欺孔子大之

樊須魯人字子遲少孔子四一作三十六歲弱仕於季

氏弱早年也或曰早弱意仕季氏無考

有若魯人字子有若一子少孔子三十六歲為人彊識

好古道

公西赤魯人字子華少孔子四十二歲束帶立朝閑

賓主之儀

原憲宋人字子思少孔子三十六歲清靜守節貧而

樂道孔子為魯司寇原憲嘗為孔子宰孔子卒後原憲退隱於衛

公冶長魯人字子長為人能忍耻孔子以女之論語子謂公冶長可妻也雖在縲紲之中非其罪也以其子妻之夫子之取長取其非罪也非為其能忍恥也記者因縲紲之中事而創為能忍恥之言豈惟不知長亦不知夫子之所以取長者也

南宮韜魯人字子容以智自將世清不廢世濁不汙孔子以兄子妻之

公晳哀齊人字季沉一作次鄙天下多仕於大夫家者是故未嘗屈節一有為字人臣孔子特嘆賞之

曾點史記作蒧曾參父字子晳疾時禮教不行欲脩之孔

子善焉論語所謂浴乎沂風乎舞雩之下一曰浴當作沿謂沿於沂水之濱祓春風也

顏繇史記作顏無繇顏回父字季路史記作字路索隱引家語亦曰顏繇字路回之父良是少孔子六歲孔子始教於闕里而受學焉

商瞿魯人字子木少孔子二十九歲特好易孔子一子下有之字傳之志焉言孔子之傳易於瞿瞿之志也

漆雕開蔡人字子若少孔子十一歲習尚書不樂仕孔子曰子之齒可以仕矣時將過子若報其書曰吾斯之未能信言未能明信此書意孔子說焉

公良儒當作孺陳人字子正賢而有勇孔子周行常以

家車五乘從

秦商魯人鄭玄曰楚人字不慈按左傳及史記正義引家語皆曰丕茲良是少孔子四十歲其父堇父與孔子父叔梁紇俱以力聞

顏刻史記作高字子驕少孔子五十歲孔子適衛子驕為僕衛靈公與夫人南子同車出而令宦者雍梁參乘使孔子為次游過市孔子恥之顏刻曰夫子何恥之孔子曰詩云覯爾新婚以慰我心乃歎曰吾未見好德如好色者也史記正義亦引孔子在衛南子招夫子為次乘過市顏高為御則此宜從高

司馬黎耕一無黎字宋人字子牛牛為性躁好言語見兄

桓魋行惡牛嘗憂之

巫馬期（史記作施）陳人字子期少孔子三十歲孔子將近行命從者皆持蓋已而果雨巫馬期問曰旦無雲既日出而夫子命持雨具（史已而果雨在此句之下）敢問何以知之孔子曰昨暮月宿畢詩不云乎月離于畢俾滂沱矣（史畢濁也月離陰星則雨）以此知之（史以為有若事）

梁鱣（一作鯉）齊人字叔魚少孔子三十九歲秊三十未有子欲出其妻商瞿謂曰子未也昔吾秊三十八無子吾母為吾更取室夫子使吾之齊母欲請留吾孔子曰無憂也瞿過四十當有五丈夫今（一作而已）果然吾

恐子自晚生耳未必妻之過從之二季而有子史記正義曰魯人商瞿孔子使向齊國瞿年四十無子令復使行遠路恐絕無子孔子正月與瞿母筮告曰後有五丈夫子子貢曰何以知之子曰封遇大畜艮之二世九二甲寅木為世互五景行水為應世生外象生象來爻生互內象艮別子應有五子一子短命顏回曰何以知之內象是本子一艮變為二醜三陽爻於是五子一子短命何以知短命他以故也文雖疑有闕誤存以備考

琴牢衛人字子開一字子張與宗魯友聞宗魯死欲往弔焉孔子弗許曰非義也

冉儒史記作孺魯人字子魚一字魯少孔子五十歲

顏辛一作辛魯人字子柳少孔子四十六歲

伯虔字楷一字子析少孔子五十歲

公孫寵一作龍衛人字子石少孔子五十三歲

曹卹一字子循少孔子五十歲

陳亢陳人字子亢一字子禽少孔子四十歲

叔仲會魯人字子期少孔子五十歲與孔璇史記作孺年相比每孺子之執筆記事於夫子二人迭侍左右孟武伯見孔子而問曰此二孺子之幼也於學豈能識於壯哉孔子曰然少成則若性也習慣若自然也

秦祖字子南鄭玄曰秦人

奚蒧多忝反字子偕史記作奚容蒧字子晳衛人

公祖茲一作公祖句茲魯人字子之

廉潔字子曹史記作子庸衛人

公西輿史記作輿如字子上

宰父黑宰作罕字子黑史記作子索

公西葴字子尚一作上

穰駟赤字子從史記穰作壤從作徒秦人

冉季字子產魯人

薛邦字子從史記作鄭國避漢高祖諱鄭字乃薛字之誤今祀鄭國

石處字里之石史作后里之作子里齊人

縣亶亶一作豐字子象

左郢史記作左人郢字子行

狄黑字晳之一作子晳衛人

商澤字子秀秀史作季

任不齊字子選楚人

榮祈字子祺

顔噲字子聲魯人

原桃字子籍史記引家語桃作亢正義亢文作冗

公肩肩一作有史記作公堅汧字子仲史作中

秦非字子之魯人

漆雕從史作徒父字子文

燕級史記作伋字子思魯人

公夏守史作首字子乘魯人

句井疆一作字子疆衛人

步叔乘字子車齊人

石子蜀字子明史記為石作蜀成紀人

邽選字子飲史記飲作歛魯人

施之常史記字子恒

申績字子周史記作申黨或以為棠字之誤而以棠為棖魯人

樂欣字子聲魯人

顏之僕字子叔魯人

孔弗弗史作忠字子蔑孔子兄孟皮之子

漆雕侈侈史作哆魯人字子斂

懸成字子横横史記作祺魯人

顏相史記作祖魯人字子襄

右夫子七十五弟子皆升堂入室者

按史記仲尼弟子列傳載顏回及公孫龍顯有季名及受業聞見於書傳者三十五人而公伯寮與烏其無季有名不見書傳者冉季至公孫蔵四十二人共七十七人蓋孔子所謂受業身通六藝者史記身通下無六藝二字七十有七人皆異能之士是也小司馬亦謂家語數同今按家語止得七十五人中間

姓氏亦復差異史記有公伯寮秦冉鄡單家語不載而載薛邦申續又史記所無又索隱云文翁圖有蘧伯玉林放申棖申棠今石室圖七十二人亦無所謂棖與棠者考之孔廟弟子配享隋以前惟顔子一人東漢時雖嘗祀七十二弟子不出闕里唐開元中追贈十哲及七十子爵號天下始並從祀杜右通典載開元贈典自史記七十七人外有蘧瑗林放陳亢申棖琴牢琴張六人宋祥符大觀中加封從祀除去琴牢餘並因之懸亶今家語作懸亶字子象而祀典不及焉家語薛邦字子徒申

績字子周與史記載鄭國申黨同字此則邦即國也績即黨也琴牢琴張自是一人而傳者之誤耳論語釋文申棖孔子弟子鄭康成云申續而績即續字之誤文翁圖有申棖石室圖有黨無棖是以黨為棖也後漢王政云有羔羊之潔無申棠之欲是以棖為棠也則黨固為棠而棠又為棖也二申猶二琴本一人而二祀薛邦即鄭國而亦為一人以之並祀不已瀆乎明嘉靖何職方孟春上疏言其事未即條別至嘉靖十秊改正文廟祀典已補祀鄡單而申黨琴牢薛邦皆已除祀而前古之繆

爲之一正此特舉孔子及門之士有關於家語者
詳附其末其他因革非所及也

孔聖家語圖跋

吴子盖能讀古文辭好吴子者楊子也楊子亦能讀古文辭然兩人所讀裁損壹禀於孔氏其它恢詭是治恠誕之語不讀也奚何吴子鐫家語繪圖於卷首楊子覽焉曰嗟虖乎迺今知吴子之能讀古文辭也曩乎睹子語言狀貌規矩繩墨恂恂然愽雅君子也乎迺今知吴子之能讀古文辭

也蓋得于是編者深也且予有真放予非觀於是編則殆奚吴子其振我哉不詎能讀古文辭已也予故志之俾讀是編者毋徒以古文辭同類而共睇之也

萬曆己丑攝提貞于孟陬惟癸亥仁和後學楊士經謹識